どこが

万博崩壊

「身を切る
改革」か!

ジャーナリスト
西谷 文和

せせらぎ出版

はじめに

「すごいよ、アップした初日に、もう10万回も再生されてるわ」

インターネットTV「デモクラシータイムス」の升味佐江子弁護士から電話がかかってきた。「えっ、本当？　ちょっとパソコン見てみるね」

急いでYouTubeを見る。「風雲急！　必ずこける!?　大阪万博」（図1）と題して放送された回が、急速に再生回数を上げている。同時に

「見たよ」

「リツイートしたで」

「ホンマに腹たつわ」

「ここまでひどいとは思わんかった」……。

私のSNSに感想が殺到する。この少し後から大手メディアも「万博、間に合わないかも？」という報道を始めた。

もっと早くからわかっていたやろ？　維新（特に松井）に忖度

【図1】YouTube「デモクラシータイムス」

して、隠してたんと違うの？　在阪大手メディアに毒づきながら、デモクラシータイムス 万博特集、第2弾、第3弾の相談を進める。

そう、今や大阪万博が維新の大逆風になっている。慌てた吉村、馬場が「万博は国の行事ですから」。言い訳を述べ始め、ポスターまで日本国際博覧会（笑）に差し替えている。あれだけ「大阪万博」と宣伝していたのになー。

4月の知事・市長選挙では松井が「大阪万博、府市一体の維新だからこそ誘致できた」と自慢し、吉村に至っては「成功させるのは俺だけ」と叫んでいた。それが今や松井は逃げて、記者会見での吉村は目が泳ぎ、オドオドと「それでも経済効果は2兆円もあるんです！」と口からでまかせを述べている。

カジノでもそうだが、この「経済効果」が曲者で、視聴者は「ふーん、そんなものか」と聞き流す。でもこれは明らかなウソ。しょぼーい万博の入場料7500円を支払い、夢洲に行って回転寿司を食べたとする。確かにこれで2万円程度の「効果」はある。

しかし、その人は会社命令で無理やりチケットを買わされ、酷暑の中、仕方なく「どこでも食べられる普通の寿司」を食べた。本当ならUSJに行きたかったが、我慢した。万博で2万円の「効果」は、USJの方が楽しく、その後ホテルに泊まってくれたとしたら5万円の「効果」を犠牲にしたもの。つまり最低でも差し引きゼロ、下手したら「あまりにもしょぼい万博、日帰り」となりマイナスかもしれない。

カジノはもっと悲惨だ。松井、吉村、馬場などが口を酸っぱくして、「何兆円もの経済効果で、大阪は儲かりまっせ」と言う。カジノで大負けした客の掛け金は、カジノがなかったら、地元のレストランで家族と食事ができたお金、子どもと一緒に海水浴に出かけることのできたお金、でもある。

もし、町工場の社長がカジノにはまって倒産させてしまえば、従業員は路頭に迷う。明らかな損失。お隣韓国での試算によれば、カジノの経済効果は賭場で上がる収益年間2兆円に対し、依存症対策や失業した人への手当、反社会的集団いわゆる「その筋の人たち」対策費、犯罪が増えることに対する警備費などで年間7兆円の出費。差し引き5兆円！のマイナスなのである。


イソジンを高々と持ち上げて「今からウソのような本当の話をします」。お前はネズミ講の親玉か！と突っ込まれたマルチ吉村が、またまた「万博で経済効果2兆円」の大ウソ。有権者よ、今度こそダマされないでくれ、と願うのは私だけではないはずだ。

彼らは「ギャンブル依存症対策をしますから大丈夫」と言う。2023年10月、奈良県斑鳩町で維新の大森恒太郎議員が自治会費の使い込みで逮捕された。使い込んだ金はギャンブルなどの遊興費に消えて、子どもたちが楽しみにしていた村祭りが中止になった。「大阪府民にギャンブル依存症対策をする」と言う前に、自分たちの子分に対策しろ！

「コントみたいやね」

「吉本より面白いわ」

「笑った後に猛烈に腹がたった」

これらはYouTubeを見た人のコメントである。デモクラシータイムスの特集は、8月に「いよいよピンチ！大阪万博」。9月に「いよいよダメかも?大阪万博」とシリーズ化して、合計で85万回（10月末現在）も視聴されている。そして、この動画を見た人が、その内容を別の動画で拡散してくれているので、ネットの世界では「中止せよ」との声が圧倒的になってきた。


4月の統一地方選挙で圧勝した維新の勢いは、もうない。一方、岸田内閣は物価高を放置し、武器を爆買いしながら、生活困窮者を切り捨てていくので、支持率を急降下させている。だからこそ「維新はもっとダメ」の声を大きくしないと、危ない。なぜなら「自民はイヤやから、万博の失敗は許したる。仕方ないけど維新に入れる」人が、まだまだ存在するからだ。

「どうせ吉村やろ」。これは4月の大阪府知事選挙前に、街でささやかれていた一種の「嘆き」である。テレビに出ずっぱりで、吉本芸人がヨイショする現職の吉村に対して、カジノ反対の候補が分裂した。事前の世論調査で「吉村圧勝」と報道される中での現象であった。「俺が行ってもアカンやろ」「私、入れたい人いないわ」。どうせ吉村やろ、の嘆きの背景には「吉村ではイヤだ」と感じている有権者が多数存在する、ということ。

だからこそ、「自民も維新もイヤだ」という人々に対して、第三極を作って「この人に任せてみたい」「この集団なら勝てるかもしれない。次は選挙に行ってみよう」という雰囲気にする。展望が持てる展開にして投票率を上げるのだ。それは中央ではなく、地方自治体から始まるかもしれない。
第1部では大阪万博の破綻、第2部では日本政府の破綻、そしてそれを変革する展望をルポと対談形式で綴らせてもらった。どうか、最後までお読みいただき、万博、カジノ中止。自民はアカン、維新はもっとダメという声を広げていただきたい。

2023年10月

西谷文和

※本書ではすべて敬称略としています。

目次

PART・4 戦争やカジノに代わる「新しい公共」を地方から

第1部

まだ間に合う、ストップ！ 大阪万博

PART. 1

建設が遅れる夢洲から万博問題を総まとめ

ルポ

ジャーナリスト
西谷 文和 ＆ 藤永 のぶよ
おおさか市民ネットワーク代表

2023年夏、いまだに更地が広がる万博会場

23年8月お盆明けの猛暑の中、おおさか市民ネットワーク代表の藤永のぶよさんと夢洲を訪れた。藤永さんと一緒にここに来るのは、8月だけですでに5回目。私たちはすでに「万博問題追及オタク」(笑)と化しているのだった。

大阪南港(咲洲)から夢咲トンネルをくぐって夢洲に入る。「ちょっとちょっと、全然トラック通ってへんやないの。まったく工事してへんで」。藤永さんの指差す方向に広大な敷地が広がる。4月に来たときは、土砂を積んだ大型トラックがビュンビュン走っていたが、8月はガラガラ(写真1)。万博の華といえるパビリオン工事がまったく進んでいないので、重機も動いていないし、トラックも来ないのだ。「万博北東ゲート」の看板前で車を止めようとすると、いつものように警備員が走ってくる。

【写真1】8月の夢洲は工事が止まったかのようにガラガラだった。

「すいません、ここ大型車両の出入り口です。危険です！　止まらないでください」

「撮影させてよ、5分でいいから」

「5分もあかん」

「今日、車少ないね。全然危なくないやん」

「はい、でも撮影はダメ」

「ここは公道やろ。何で邪魔するの？」

「いろいろあるから」

「いろいろってどんなこと？」

「それをしゃべれば秘密じゃないんで、ご遠慮ください」

「ふーん、隠さなアカン秘密があるの？」

「はい、なので早く移動してください」


ガンとして駐停車を許さない。「絶対に写真を撮らせるな」。維新の上の方から命令が下っているのだろう。


警備員の目が届かない秘密の場所に回り込んで撮影開始。

「地下鉄延伸工事を行っています。24年3月まで」

「駅の出入り口を作っています。令和6年8月まで」

大きな2つの看板が目立つ。

パビリオンと違って、地下鉄工事は予定通り進んでいるようだ。ここでドローンを飛ばす。写真2の右手に広がる雑草で覆われた部分がカジノ予定地。左手の重機が並ぶ広大な空き地が万博予定地だ。中央やや左に小さなヤグラのような建物が見える。これは円形通路の一部。360度の円形のうち、できているのが2〜3度くらい。こんなんでホンマに間に合うのか？

維新は「世界最大の木造建築物になります」と胸を張るが、仮に通路ができても肝心の中身、パビリオンがない。このまま強行すれば、「大阪更地万博」（笑）だ。

夢洲はゴミと川底、海底をさらえた浚渫《しゅんせつ》土砂[※1]で埋め立てられた無人島である。図2に示すとおり、4つの工区に分かれていて1区がゴミの焼却灰、2、3区が浚渫土砂と建設残土、4区はすでに埋め立て

【写真 2】右手に広がる雑草で覆われた部分がカジノ予定地。左手の重機が並ぶ広大な空き地が万博予定地。中央やや左に小さなヤグラのような建物が円形通路の一部。

が完了し、現役のトラックターミナルとして関西圏の物流を支えている。

軟弱地盤を前にして、逃げ出すゼネコン各社

4つの工区のうち、万博は2区と1区の一部、カジノは3区に建てられるのだが、この地盤に関して藤永さんが情報公開請求をかけていた。出てきたデータによると、万博とカジノ予定地は地下57メートルまで「N値5」だった。

「N値」とは何か？　重さ63・5キロの重りを高さ75センチメートルから自由落下させ、30センチ沈むまでに落下させた回数をいう（次ページ図3）。10回落として30センチ沈めばN値は10。柔らかいほど少ない回数で沈む。

この場所はわずか5回で30センチ沈んだ。ち

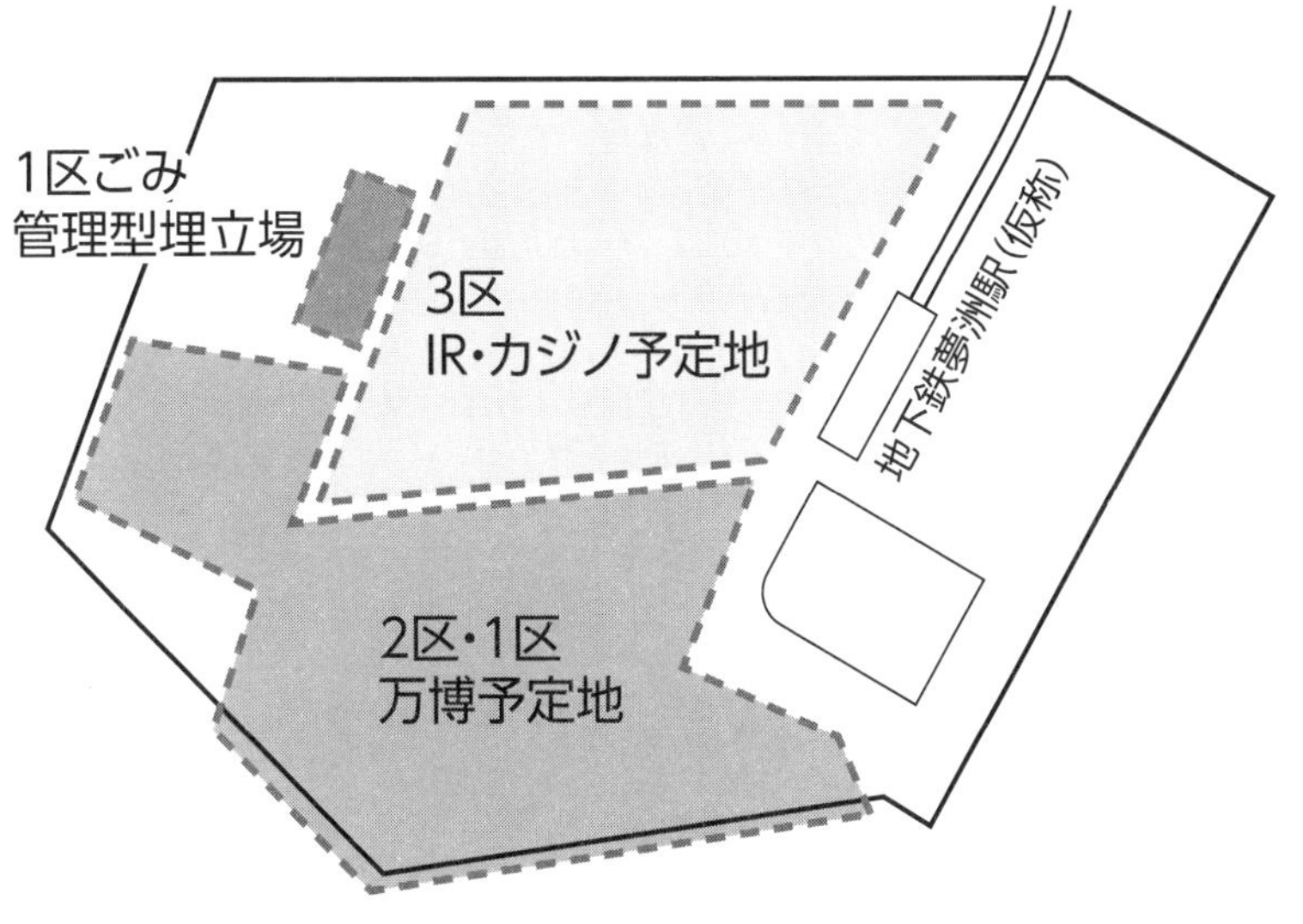

【図2】4工区に分かれる夢洲

なみに2階建の一般的家屋を建てる場合、最低でもN値20が必要で、高いビルやマンションはN値50以上ないと建たないのである。

つまり、N値5というのは保育園の砂場レベル（泣）。こんな所に高層のカジノビルを建てようと思えば、海底の岩盤まで届く長さ80メートルの杭を何百本も打たねばならない（図4）。そんなことになれば、杭は1本約1億円。数百億円に及ぶこの「杭打ち費」は誰が出すのか？

お金の問題と並んで深刻なのが、「無理にビルを建てたら沈む」ということ。たとえば、新関西国際空港は、空港を作るために良質な山土で埋め立てられた。それでも自重でズブズブ沈む。18年の台風直撃で空港島が水没し、旅行者が3日も閉じ込められたことは記憶に新しい。

一方、夢洲は上に物を建てようとして埋め立てら

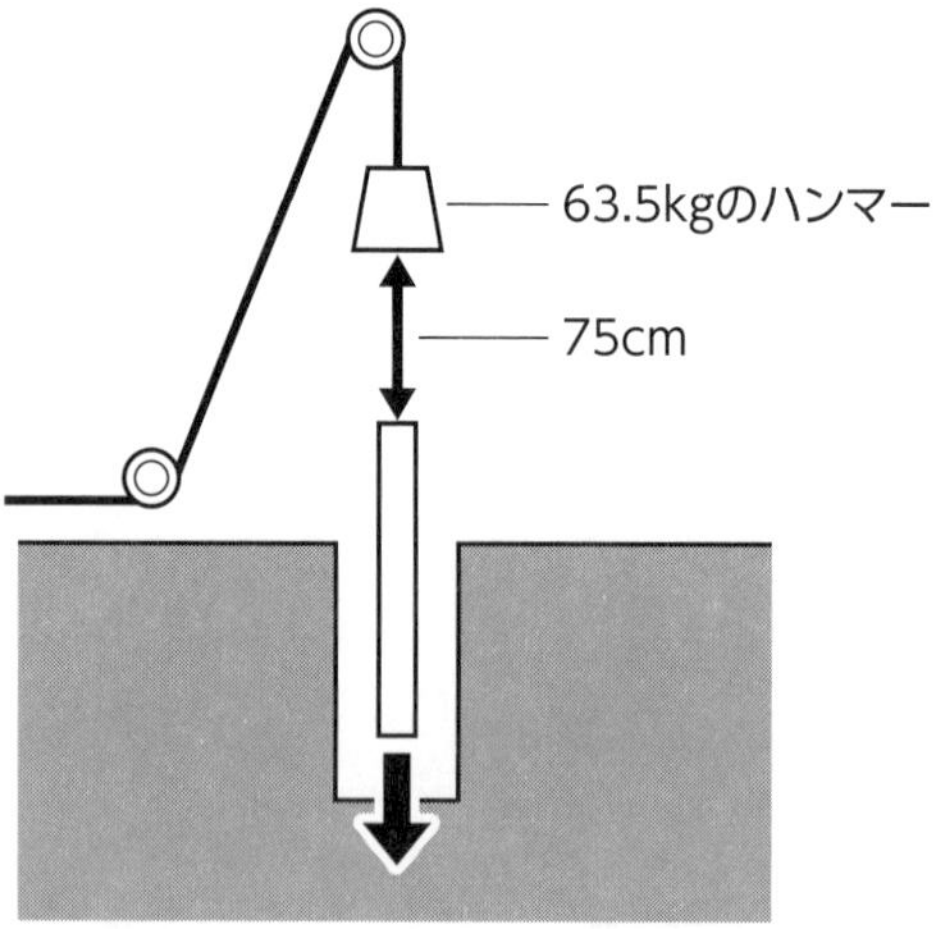

【図3】「N値」とは、重さ63.5キロの重りを高さ75センチメートルから自由落下させ、30センチ沈むまでに落下させた回数をいう。

れたわけではない。ゴミの処分場だ。ここに巨大なビルを建てれば不等沈下[※2]を起こす。つまり、ビルは傾いて沈んでいく。ピサの斜塔のようなカジノビル、ルーレットの玉が飛び出すかもしれない（笑）。ある意味、「世界遺産」になるかもしれないが。

さて万博である。パビリオンには3種類あって、各国が独自にお金を出して流麗なデザインで演出するのがタイプA、万博協会が建てたパビリオンを棟ごと間借りするのがタイプB、複数の国が共同で借りるのがタイプCである。当然、万博の華はタイプAで年配者は70年万博のアメリカ館、ソ連館をイメージする方も多いだろう。

でもこのタイプAが建たない。

資材と人件費の高騰が原因の一部ではあるが、真の問題は「杭を打たないと満足なものが建たない」「そうなれば建設費は爆上がりする」ということ。

この原稿を書いている時点（23年10月5日）で、

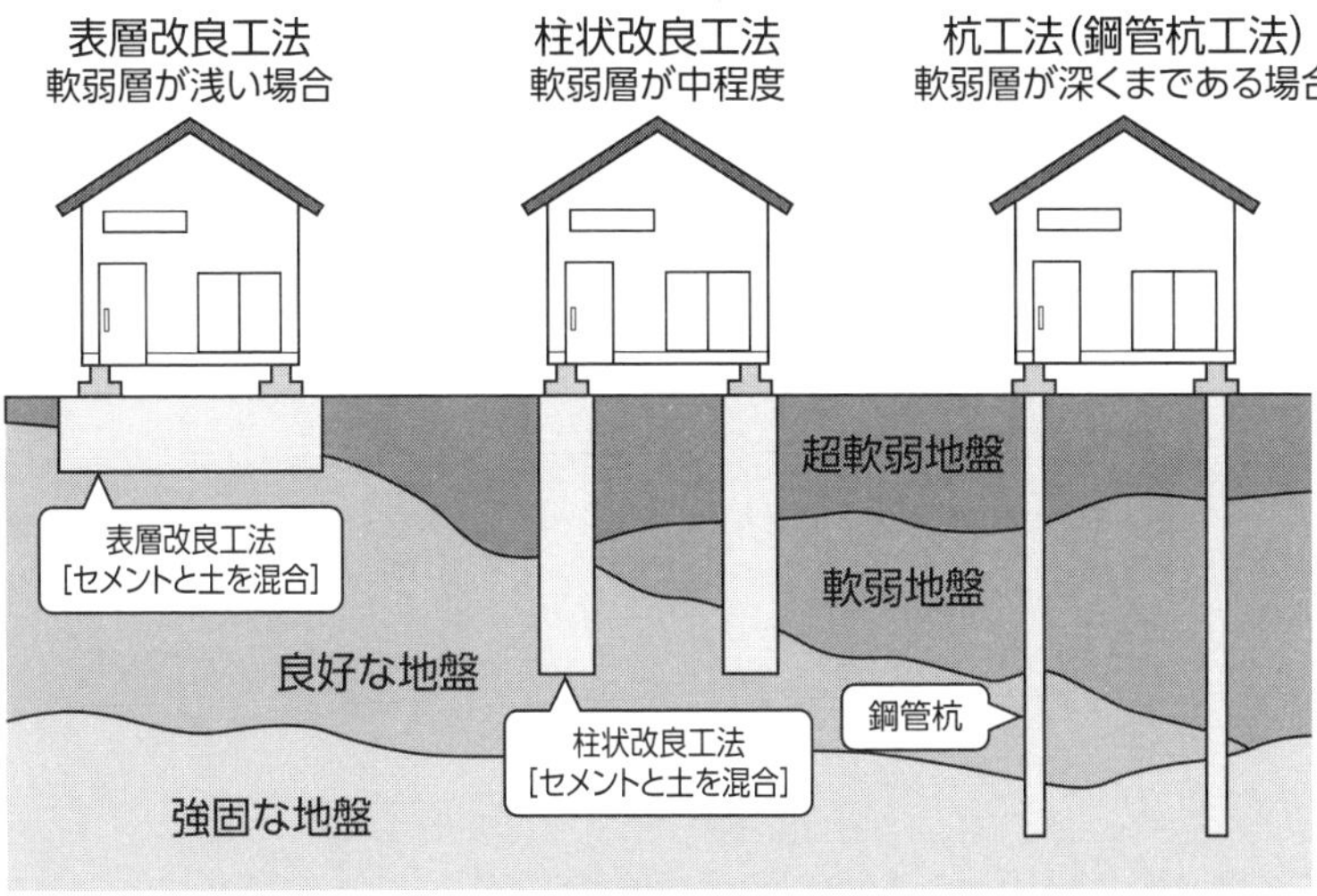

【図4】超軟弱地盤の場合、強固な地盤に届くまで杭を打たなければならない。

建設申請を出したのがチェコのみで、出そうとしているのが韓国とモナコ。このままだと「大阪万国博覧会」ならぬ、「大阪4ヵ国博覧会（日本含む）」。つまり大阪四博だ（笑）。大阪に4泊5日か！とツッコミが入りそう。

パビリオンを下手に残すと、強風で飛んで行く、地震で倒壊するなどのおそれがあるので、万博が終わればすべて撤去。杭は打つより抜く方が難しい。つまり「大阪使い捨て万博」なので、杭抜きを含む解体工事にも金がかかる。

「こんな条件ではできませんなー」

これが各国の本音。建設を請け負うはずのゼネコンも手を挙げないので入札不調が続く。

なぜか？「100億円で受けた仕事は、おそらく150億円に上振れする。上振れ分は誰が保証してくれるのか？」ゼネコンとしては、こんな危険な工事に付き合ってはいられないのだ。

悪条件の中で、あと1年半。図5に見るとおり、夢洲は橋とトンネルでしか行けない。仮に契約が成立し、いっせいに

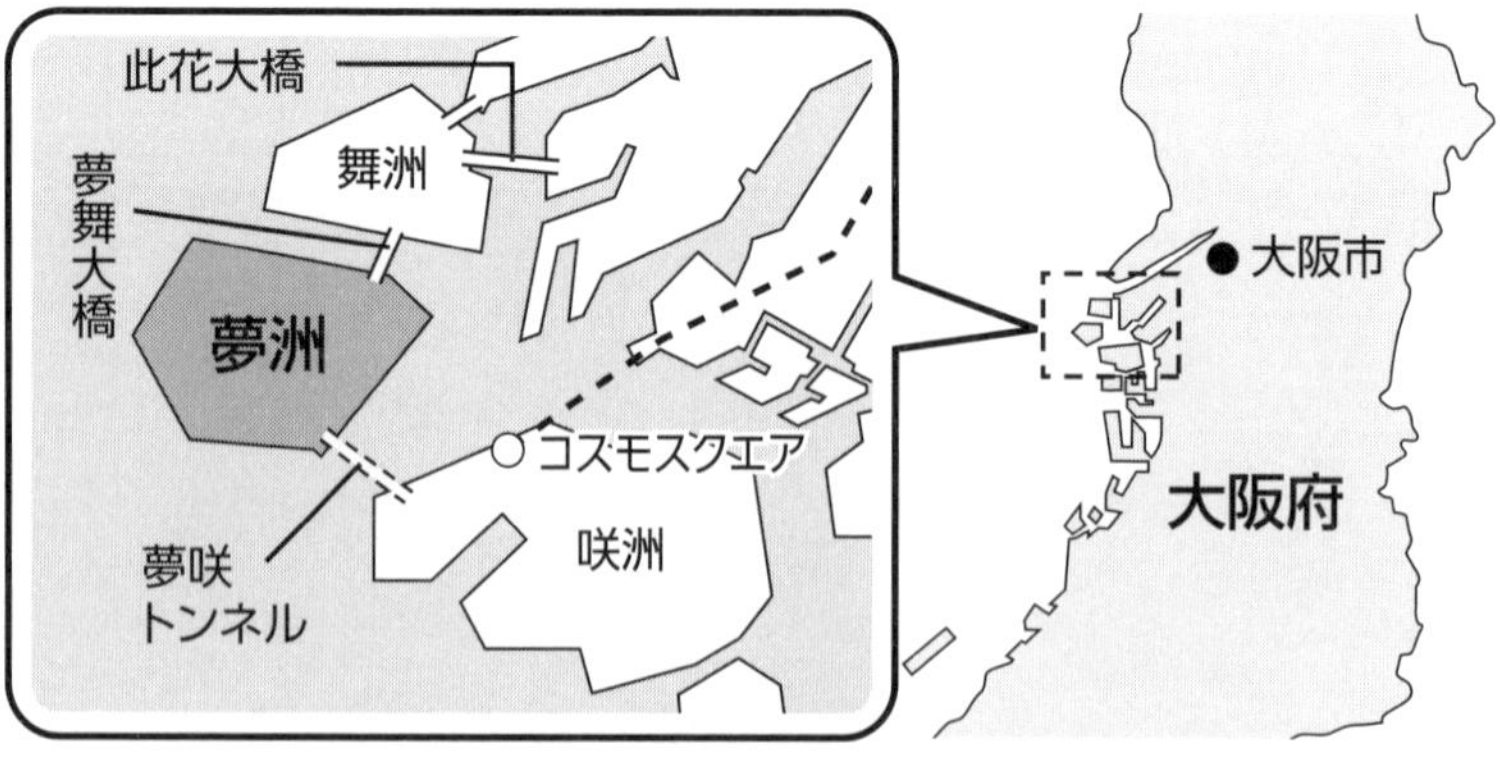

【図5】夢洲に通じる道は、橋1本とトンネル1本だけ。

工事が始まると、資材を積んだトラックは渋滞する。２０２４年に働き方改革による残業規制が始まるので、労働者をこき使うことはできず、シフトを組んで工事にあたるので、大量の労働者を雇わねばならない。人件費はさらに高騰するだろう。だからゼネコンは逃げた、当然だ。

窮余の策として「パビリオンを浮かせる」ことにした。敷地内の埋め立て土砂を取り除き、その土砂より軽い建設物なら「浮く」。しかし2階建以上は無理。高いものにすれば重くなって沈むし、下手に地下室を作れば、そこはぐちゃぐちゃのヘドロ層だ。だから軽いプレハブを置くしかない。このまま強行すれば「大阪プレハブ万博」である。

上下水道の処理能力不足で立ち並ぶ仮設トイレ

２０２３年8月6日、広島に原爆を落とされた78年目に吉村知事は関西コレクション、つまりファッションショーに出演した。大阪にも被爆者はたくさんいる。知事は犠牲になった方々を追悼し、核兵器禁止を願う人々の声を真摯に聞くべき責任があるはず。もうこの事実だけで吉村がどんな人物かを物語っている。照れ笑いを浮かべ、モデルとして会場を一回りした後、司会者の質問に答えて「万博には3千万人がやって来ます」「空飛ぶ車が会場の上を自転車みたいにぐるぐる回っています」と、のたまった（次ページ写真3）。

本当に3千万人来たとすれば、1日あたり約16万人。土日や3連休は30万人が押し寄せる日もあるだろう。もし本当にやって来たら水道、下水、電気はどうなるのか?

藤永さんが港湾局に粘り強く情報開示を求めていたが、その貴重なデータが2023年8月31日に公表された。私も大阪南港(咲洲)の港湾局について行ってそのデータを受け取った。港湾局の説明によると、今から上下水道を夢洲に通して、上水は1万8千㎥で1日約8万人分、下水も1万9千㎥で1日2万7千世帯分。1世帯3人とすれば約8万人分で、上下水の処理能力はきれいにそろっている。

「吉村さんは3千万人来るって言ってましたよ。1日30万人来たらどうなるんです?」

私の質問に、港湾局は「超えた分は自家処理になります」

そう、夢洲のどこかに穴を掘っておき、あふれたウンチは溜めていく。溜まった汚水をポンプで圧送するというが、容量を超えた汚水はどうするのか? バ

【写真3】関西コレクションに出演した吉村知事は「空飛ぶ車が会場の上を自転車みたいにぐるぐる回る」と、万博をPR
(あべの経済新聞 & OSAKA STYLE)

キュームカーならぬ「バキューム船」がやってきて、此花区の下水処理場に運ばざるを得ないのではないか。

「バキューム船」が予定どおり来れば「大阪くみ取り万博」になる。この事態を避けるためには、受付で万博来場者にペットボトルを手渡し「ちょっとずつ飲んでね」とお願いする一方、会場に仮設トイレを林立させる。工事現場や村祭りで並んでいるボックス型の簡易トイレである。営業時間を夜に限って、できるだけトイレに行かないようにお願いしつつ、短時間で帰ってもらう。もうここまで来たら、「万国盆踊り大会」にすればどうか?

夏の3日ほど、夢洲で一晩中踊り倒して、隣の売店では吉本の芸人さんがたこ焼きを焼いている。3日だけならそれほど沈まないし、金もそれほどかからない。冗談ではなく、それほど危険な場所で、税金を湯水のように使いながら無理やり強行しようとするから、こんな対案を出さざるを得ないのだ。

橋下徹はよくテレビで「批判するなら対案を出せ!」と吠えていたが、真の対案は「万博中止」だ。そして「こんな事態になった責任を明らかにせよ」と迫ること。残念ながら在阪メディアが維新と吉本興業の側にいて追及が大甘。大手メディアがやらないので、万博問題はミニコミラジオで引き続き追及していくつもりだ。

大渋滞が予想される、会場に向かう橋とトンネル

港湾局にデータをもらいに行った帰りに、夢洲を上空から撮影しようと隣のＷＴＣビルに上った。ここは10年以上前に橋下が大阪府庁を強引に移転させ、今では咲洲庁舎と呼ばれるようになり、さらに万博誘致が決定してからは高層階に万博協会が入っている。

46階でエレベーターを降りると「ちょっと、ちょっと。何で入って来るのですか？」

私のビデオカメラを見て、職員が抗議してくる。えっ、ここ府庁やん。誰でも入っていいのと違うの？　驚く私に「45階に降りましょ、上から言われてるんやわ。変なヤツらが来るから撮影させるなって」

藤永さんの機転で、「変なヤツら」は階下に降りる。45階のトイレの窓から夢洲を望遠で撮影。改めて「更地万博」を確認。通路を歩いているとき、開いた扉から「入場券課」「輸送課」の標識があり、職員が黙々とパソコンを操作しているのが見えた。「前売り券をどうさばくか」「期間中の移送をどうするか」で、今から戦略を練っているのだ。

問題はこの「前売り券」。報道によれば経済界に７００万枚、自治体に７００万枚が強制的に割り当てられるという（図６）。大人６千円の前売り券を「大企業１社で約20万枚、10億円以上を負担せよ」

円安で潤っている企業はまだしも、この不況下で関西経済はどん底。おそらく受け持たされたチ

ケットを下請け、孫請けの中小業者に押し付けていくのではないか？　物価高と少子高齢化による消費不況で、ただでさえ中小企業は倒産の危機。町工場の社長を泣かせてでも万博を強行するつもりだ。

さらに問題は自治体への７００万枚。大阪府市をはじめ、神戸、京都、奈良、大津市などにチケットを買い取らせる。自治体側はどうするか？　おそらく小中高校生を遠足で連れていく。滋賀県の三日月大造知事はすでに全国に向けて「修学旅行で来てほしい」と述べている。

大阪・関西万博なので関西の知事、首長たちも「割当分」を消化せねばならない。しかしこの前売り券は自由に使えない。前もって万博協会に連絡して、いつ行くのか、シャトルバスを使うのか、地下鉄で行くのか、を報告して許可を得なければならない。「今日、晴れてるから、行こか」とはならないのだ。なぜか？

それは「たくさん来たらパンクするから」

前述のように夢洲に行くには橋とトンネルしかない。

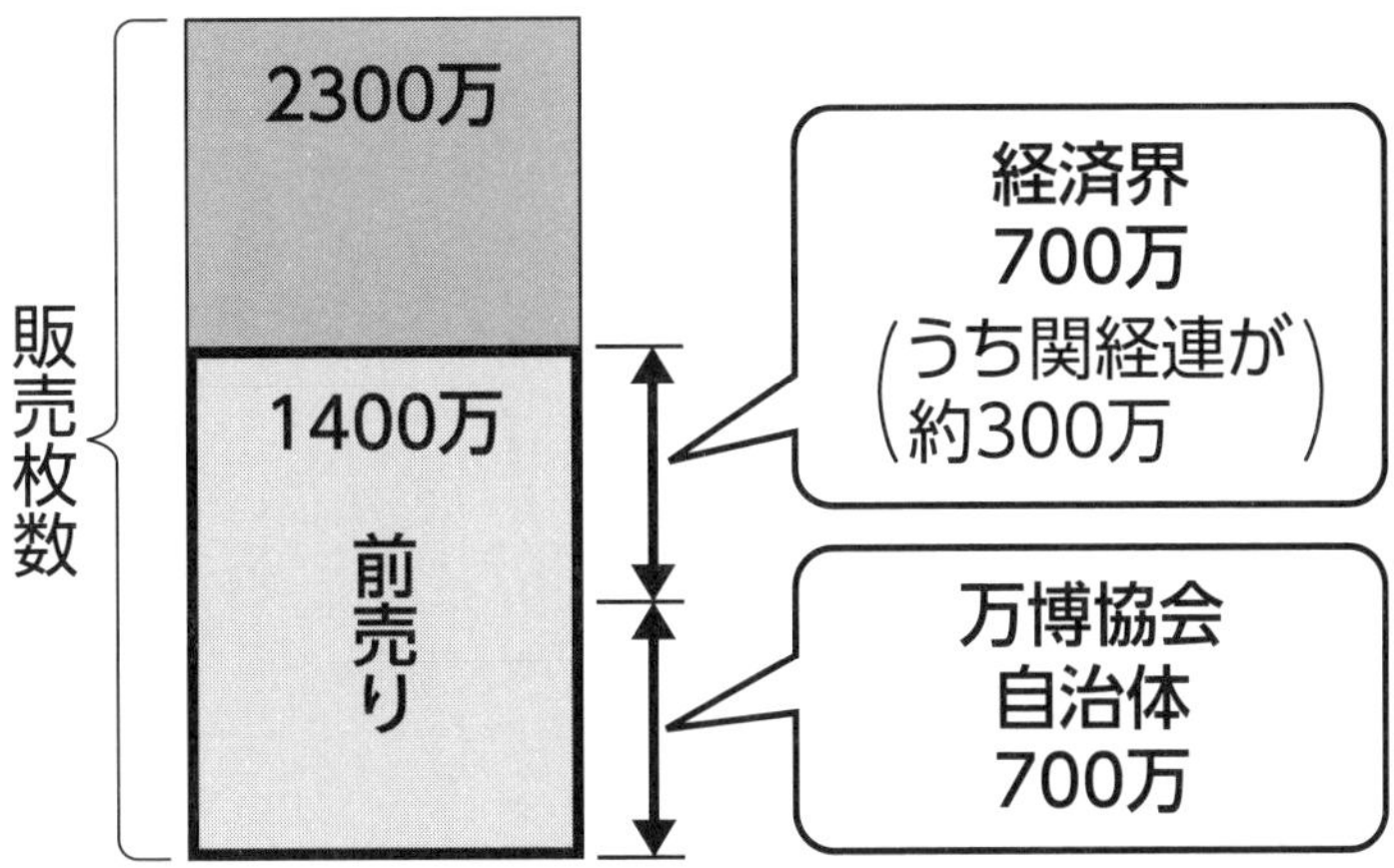

【図6】大阪・関西万博の入場券販売計画の概要

大勢来たら大渋滞。さらに上下水の処理能力は8万人だ。あらかじめ「来場者をコントロールしてパニックを避ける」必要がある。

だから「入場券課」の隣に「輸送課」がある。いわば綱渡りのような万博。地震や台風がきたら、いや、ちょっとした線状降水帯が来てもトンネルは水没し、橋は強風で渡れない。おそらく万博協会は神頼みするしかない。「地震も台風も、半年間だけは大阪を避けてくれ」

ここで輸送状況について見てみよう。吉村知事が言うように、もし3千万人きたら、1日30万人の日がある。万博協会によれば半分は地下鉄で、残り半分はシャトルバスで輸送する。だから今、地下鉄中央線を延伸させて夢洲新駅を造っている。この中央線は6両しかなく、とても1日15万人を輸送できないが、問題はバスの方だ。

大阪梅田駅や新大阪駅からバスで運ぶと言うが、夢洲は橋とトンネルだけ、大渋滞になる。万博期間中も物流は止められないから、トラックターミナルは動いている。さらに期間中に3区のカジノ工事が始まるので、その工事車両もやって来る。本当に30万人来れば、御堂筋やなにわ筋はバスだらけになり、おそらくJR弁天町駅あたりから夢洲までバス、バス、トラック、バス、工事車両、バス……（笑）。万博会場に着くのに数時間はかかる。こんな事態が予想される。

新幹線を降りて新大阪駅からバスに揺られること4時間、夢洲でしょぼい万博を1時間見学して、新大阪までの帰路にまた4時間。これで1日が終了する。万博に行きたいという人に忠告しておく。「トイレ付きのバスにしたほうがいいですよ」（苦笑）。

それでも維新はへこたれない。市営地下鉄にこんな広告が掲載されている。「万博関連バス運転手募集（写真4）。時給2千円、雇用期間半年」。

日本城タクシーの坂本篤紀社長によれば、今や空前の運転手不足で、タクシーも観光バスも運転手は引く手あまた。年収400〜500万円を稼ぐ熟練の運転手は、各社が取り合いをしているのだそうだ。実際に大阪南部の金剛バスは運転手不足のため廃業を決めたばかり。

そんな状況を知ってか知らずか、万博協会は強気の戦略。「時給2千円で半年雇用」。さて何人応募したか？　坂本社長によれば、3人（苦笑）。ダメだこりゃ。ドリフのコントレベルで万博は進んでいく。

【写真4】地下鉄車内に掲載された運転士の募集広告

「いのち輝く」はずなのに、人命にかかわる危険と隣り合わせ

バスと並んで「地下鉄のその後」も大問題を抱えている。仮に万博が成功裏に終わったとしてもカジノができるのは2030年以降だ。万博終了後から5年間、もしくはそれ以上、この電車には誰が

乗るの？

無人島の夢洲にトラック運転手はトラックで来る。その運転手のためにセブンイレブンがポツンと一軒。夢洲新駅を利用するのは、おそらくこのセブンイレブンの従業員だけ。行きに5名、帰りに5名。1日の乗降客10名（苦笑）というとんでもない赤字路線。咲洲のコスモスクエア駅からわざわざ海底トンネルを通して新駅を作り、車両を走らせて1日10名！

「カジノできるまで、地下鉄止めるしかないのかなぁ？」私の疑問に、「空気しか運ばへんけど、走らせるそうよ。線路がサビてしまうから」。藤永さんの答えに失笑する。アホかお前ら、というレベルの税金の無駄遣い。

万博の目玉は「空飛ぶ車」だ。8月6日の関西コレクションで、吉村知事は「会場の上空には空飛ぶ車が飛来する」「自転車のようにぐるぐる回っているのが見える」と予言。本当だろうか？　いや、そもそもそんなことをしていいのか？

「空飛ぶ車」と呼ぶのは、簡単にいえば巨大なドローンである。人が乗って浮かび上がるには強力な揚力が必要で、プロペラが止まればすぐに落ちる。小さなドローンでも墜落したら危険なので、今でも飛ばせるところは法律で限られている。

これ、万博会場で飛ばせるのか？

運転手がアクセルとブレーキを間違えれば？　何かに接触すれば？　エンジントラブルはないのか？　そもそも今の航空法で可能なのか？　実用化はまだまだ先では？　墜落したら搭乗者はもちろ

ん、下で歩いている来場者も犠牲に？　次々と疑問が浮かぶ。

そんなことを考えていたら2023年8月、実際にイギリスで墜落した（図7）。幸い無人飛行だったので死傷者はなかった。この事故で「絶対に飛ばすべきではない」と確信した。

さらに問題なのは空飛ぶ飛行機の着陸場およびシャトルバスの駐車場。これはゴミの焼却灰で埋め立てた1区にできる。1区は特に危険でダイオキシン、アスベストなどが充満し、ゴミからは今でもメタンガスが出てくるので、79本の煙突でガスを排出させている。ガスが溜まると爆発するからだ。

前参議院議員のたつみコータローさん、藤永さんたちが1区を視察したとき、なんとPCB[※3]の袋が1万袋！野積みされていた（次ページ 写真5）。この上にわずかな土をかぶせてコンクリートで舗装して駐車場にする。駐車場の周囲には簡易レストランが出店する。来場者はPCBの上で食事することになる。本当にこれでいいのだろうか？

ちなみにシドニーオリンピックでは会場

【図7】自動運転LAB.2023年8月17日付ニュース

の下にダイオキシンが埋まっていたので、豪州政府は日本円で120億円かけて除去している。

東京オリンピックと同様、見え隠れするどす黒い構造

万博のもう一つの目玉は「人間洗濯機」。これは1970年の大阪万博でサンヨーが出展していたのだが、これを「いのち輝く未来社会のデザイン」をコンセプトに、(株)サイエンスが改良版を出展する。人のお肌に優しいアンチエイジングの泡で全身を洗ってもらえるそうだ。

洗いたいか？　前述の坂本社長は「皮、むけるで」(笑)と評していた。この(株)サイエンスとつながっていると噂されて

【写真5】1区にはPCBの詰まった袋が1万袋も野積みされている。

いるのが、大阪大学の森下竜一教授。森下教授はアンジェス（株）というベンチャー企業を立ち上げて、「大阪ワクチン」ができると豪語していた人。2020年4月に吉村知事が「7月に治験し、9月には実用化します」と大阪ワクチンを大々的に取り上げた。直後にアンジェスの株は急騰。政府からの補助金もついたが、大阪ワクチンはできなかった。

「ワクチンできるできる詐欺」というべきこの一件で巨額の富を築いたであろう森下教授は、あの安倍アッキー、加計孝太郎と一緒にゴルフをする仲で、ずっとアベスガ、維新の側にいた。万博の旗振り役の一人で、なんとパビリオン選定の責任者でもある。

もし（株）サイエンスに口を利いて、パビリオンへの出展を実現させていたとしたら、東京オリンピック、電通の高橋治之被告と同じことをしていたのではないか（次ページ 図8）。そもそも「アンチエイジング」と「大阪ワクチン」って、基本から怪しくないか？　この一件は週刊現代「なんだか黒いぞ、大阪万博」に詳しい。

さて次に「夢洲はどこまで沈むのか」について見てみよう。これも藤永さんの情報公開請求で判明したデータなのだが、夢洲は埋め立て開始から約30年で5メートル沈んでいる。川底の土砂は、簡単にいえばヘドロなので含水率約50%、つまり半分が水で半分はPCB、六価クロム、水銀などの有害物質を含んだ汚泥だ。ドロドロの土地にパイプを突っ込んで浸透圧で水を抜く。「圧密」と呼ばれる工法で夢洲が固められていった。

埋めては固め、埋めては固める。繰り返しの作業のなかで自重で沈んだのが5メートル。つまり30年前に夢洲に家を建てたとすると、家が一軒丸ごと沈んで屋根だけが見えている、雪国の家状態。港湾局は真面目にコツコツとデータを取ってくれていた。

ビックリするのが2区、万博の予定地。データの最後に「R4年2月1日『亡失』とある。令和4年2月、つまり1年半前に沈下を測る機械が沈んでしまって測れなくなったということだろう。こんなところで万博をするのだ。

図9に示すように大阪湾の埋め立ては、咲洲、舞洲、夢洲の順番に進んだ。夢洲は最後、つまり一番深いところを埋め立てている。「まだ舞洲はよかっ

新着　社会　政治　経済　スポーツ　国際　地域　科学・IT　エンタメ・文化　ライ

ホーム ＞ニュース ＞社会

東京オリンピック組織委、３月に完全消滅へ…汚職事件解明待たずに清算法人が業務終了

2023/01/01 12:30　東京五輪汚職

スクラップ

２０２２年６月末に解散した東京五輪・パラリンピック大会組織委員会の業務を引き継いだ清算法人が、２３年３月に業務を終えることで最終調整されていることが、関係者への取材でわかった。清算の「結了」により、組織委は完全に消滅することになる。大会を巡っては元理事による汚職やテスト大会に伴う談合と相次いで事件が発覚しており、全容解明を待たずに消滅することには、批判の声も上がりそうだ。

▶五輪汚職、「東急エージェンシー」元役員が一部認否を留保…テスト大会で「電通仕切りに乗っかった」

東京五輪・パラリンピックを巡る汚職事件の関連先として組織委の清算法人を捜索し、押収資料を運び出す東京地検特捜部の係官ら（昨年７月２７日、東京都庁で）

【図8】読売新聞オンライン2023年1月1日付ニュース

たのよ、バブル時代に埋め立ててたから」。藤永さんの説明によると、バブルの頃はビルを壊したコンクリートガラや、地上げで立ち退かせて更地にしたときの建設資材がたくさんゴミとして出ていた。つまり「固いもの」が混じる浚渫《しゅんせつ》土砂だったので、地盤はまだ強いのだ。夢洲は90年代、バブルが弾けてから埋め立てているので、ほとんどヘドロ。ユルユルなのだ。

関係者もマスコミも感じ始めている万博の失敗

さて、今までの考察を簡単にまとめると、このまま巨額の税金を突っ込んで万博を強行すれば更地万博、大阪4博、プレハブ使い捨て万博、前売り綱渡り万博、くみ取り万博になる。

しかし、実際は3千万人の来場者は絵に描いた餅になる。前著『打倒維新へ。あきらめへん大阪！』にも書いたのだが、私は22年2月にドバイ万博に行った。日本からアフガニスタンへの直行便はないのでドバイで乗り換える。その時間を利用して万博へ。会場はガラガラ、アメリカ館の待ち時間はわずか5分、

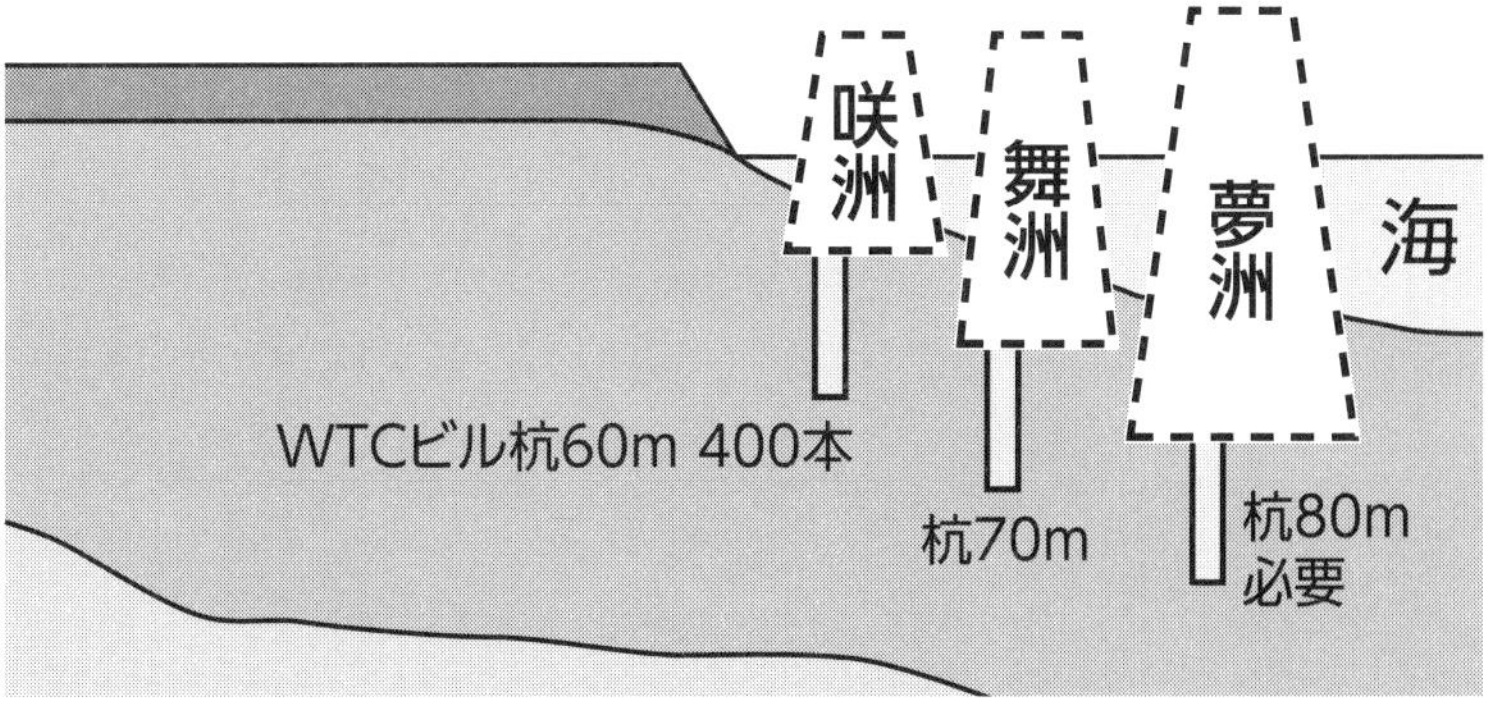

【図9】夢洲は一番深くて、ヘドロでユルユル

ドバイ中心街で満員だった地下鉄は会場が近づくにつれ乗客がどんどん減っていき、終点の万博駅で降りたのは私とスタッフ数人だけ（写真6）。

なぜこんなことに？　それは「万博がオワコン」だから。

70年代はまだ外国が珍しく、アポロが月に飛んで石を持って返ってきた。冷戦中なのでソ連も頑張ってカッコいいパビリオンを建てる。インターネットがないので、月の石は現地までいかないと見られない。娯楽の少ない社会、みんな若くてエネルギッシュ。ウワサがウワサを呼び、大挙して訪れた。

あれから50年、大阪は少子高齢化し、物価高と低賃金にあえぐ中でも、スマホだけは持っている。展示物はネットで見られる。酷暑の中、高い交通費と入場料7500円を払って誰が行くのか？

今や外国人は珍しくもなんともなく、難波や梅田にあふれている（笑）。2度目の万博は必ずこける。

【写真6】会期中にもかかわらず、人影のないドバイ万博駅

逆に言えば「上下水は8万人でも大丈夫」なのだ。前売り券1400万枚を空売りするので書類上はすでに来場者1400万人である。さらに企業や自治体、維新の支持者たちを動員して「2800万人達成しました！」と胸を張るのではないか。実際の来場者数は誰もカウントできないではないか。

名古屋で維新から立候補を予定していた田中孝博、名古屋市長の河村たかし、高須クリニックの高須克弥たちが知事リコール署名を37万人分も偽造し、水増ししていた。あれは選挙管理委員会が署名の中身を調べることができたから発覚したが、「来場者の水増し」は誰もチェックできない。本当の来場者数を把握できているのは万博協会のみ。東京オリンピックの組織委員会は資料を非公開のまま早々に解散して真相を曖昧にしてしまった。万博協会も同じことをするのではないか。

とはいえ今や「大阪万博、かなり怪しいぞ」という事実がばれ始めている。在阪マスコミも、ゆるーく追及し始めた。2023年4月の統一地方選挙では「万博を成功させることができるのは俺だけ」と叫んでいた吉村知事は、「万博は国の事業ですから」（苦笑）と言い始めている。そう、今から国と維新で責任のなすりつけ合いが始まる。これは最近までの万博ポスター。ミャクミャクの下に堂々と「大阪・関西万博」と書いてあったが、いつの間にか「日本万国博覧会」になり、カッコ付きで（大阪・関西万博）になっている（苦笑）（次ページ 写真7）。

問題だらけの万博をなぜ開催することになったのか？　その答えは「アベ、スガ、松井、橋下の飲み会」だ。

2013、14年頃から年末とお盆にこの4人で会食を繰り返していた。アベ、スガ側は平和憲法を改悪し、9条に自衛隊を書き込みたい。維新は全面的に協力する。その代わり、大阪にカジノを誘致したい。民間のカジノだけを目的にしたインフラ整備はさすがにできないので万博を持ってきましょう。カジノの隠れ蓑としての万博。強引に推し進めたのが松井で、「アベさんのおちょこに、松井さんが酒を注ぎまくって決まったんです」。後に橋下自身が内部の者しか知らない事実を得意げに述懐している。でも、そんな大事なことが酒の席で決まるの？

【写真7】「大阪万博」は、いつのまにか「日本国際博覧会」に

決まるのだ。2020年4月、コロナ禍で国民生活が劇的に困窮化したときに、「首相、マスク2枚配れば、国民の不安はパーッと吹き飛びますよ」。側近官僚の「助言」を鵜呑みにし、260億円もの税金を突っ込んで、アベノマスクが配られた。しかしこれは布製でウイルスの侵入を防げるわけではなく、面積も小さかった。「給食当番みたい」と揶揄されながら、安倍首相だけが着用していた（写真8）。外出禁止が続く中、これまた首相側近官僚が、「音楽を聴いてくつろぐ動画を発信し

ましょう。そうすればステイホームしてもらえますよ」。星野源の音楽に合わせて、首相がワンコを抱いて紅茶を飲む動画が配信された（写真9）。これでなぜステイホーム？　逆に「お前は高級貴族か！」と突っ込まれていたのは記憶に新しい。

夢洲を決定づけた松井元大阪市長も万博から逃走？

そう、安倍政権と維新は想像以上にチャラいのだ。2021年8月、吉村と松井が並んで記者会見。冒頭吉村が「今からウソのような本当の話をします」「このイソジンでうがいすれば治ります」

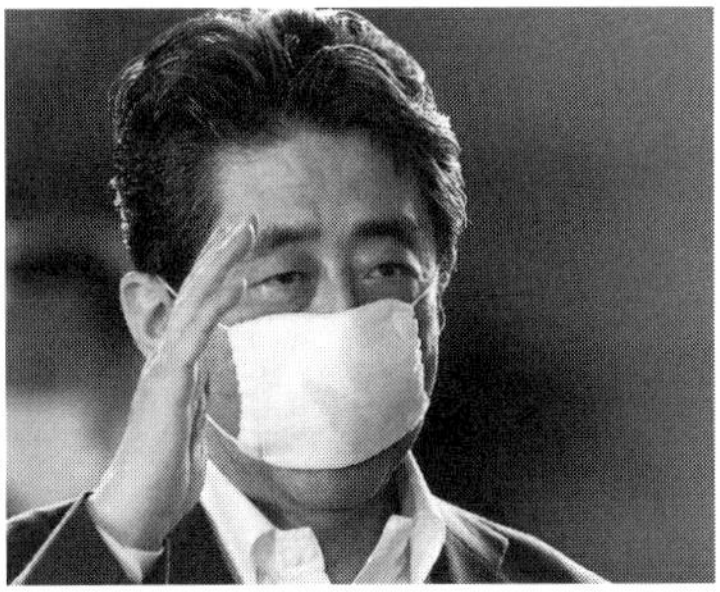

【写真8】「アベノマスク」をする安倍晋三元首相
（東京新聞 TOKYO Web 2020年7月29日）

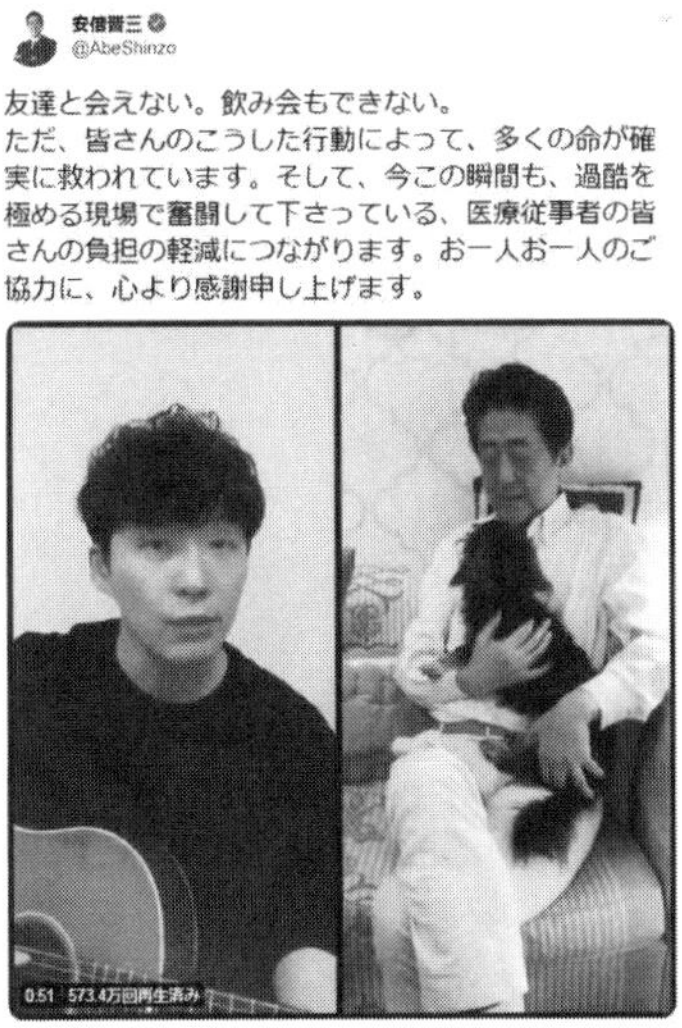
安倍晋三
@AbeShinzo
友達と会えない。飲み会もできない。
ただ、皆さんのこうした行動によって、多くの命が確実に救われています。そして、今この瞬間も、過酷を極める現場で奮闘して下さっている、医療従事者の皆さんの負担の軽減につながります。お一人お一人のご協力に、心より感謝申し上げます。
0:51　573.4万回再生済み

【写真9】ステイホームをツイートして、「お前は高級貴族か！」と炎上

お前はマルチ商法か！

松井もやらかす。「みなさん、医療現場が大変です。雨ガッパをください」

しかし雨ガッパはしょせん雨ガッパで、コロナの防護服にはならない。結果、行き場を失った大量の雨ガッパが大阪市役所の玄関ホールに積み上げられた（写真10）。カッパは燃えやすいので、一カ所に集めると消防法に引っかかる。あわてて雨ガッパを倉庫に隠したようだが、保管費がかかるのでおそらく最後は焼却処分。つまり、みんなの好意で集まった雨ガッパを税金で燃やすのだ。ちなみにアベノマスクも保管費がかかるので同様の運命をたどる。

イソジン吉村と雨ガッパ松井。この漫才コンビのような2人のどちらが重罪か。間違いなく松井だ。万博が決まったとき、吹田の万博跡地や、鶴見緑地、泉佐野りんくうタウンなど、候補地は6

【写真10】コロナ対策で集まった大量の雨ガッパ

カ所だった。夢洲を強引に7カ所目の候補地にし「松井市長の思い」で、有無を言わさず夢洲に決定。2014年にカジノが決定し、カジノだけではインパクトが薄いので、万博をセットにして進める。

これが松井の戦略だったが、想像以上に夢洲がダメだと判明したので、逃げた。松井はまだ60歳そこそこで、本来ならあと1、2期は市長を続けることができたはず。そして維新の会は議席を確実に伸ばしている。なぜ、こんな「黄金期」に市長、維新の会代表を同時に辞める必要があるのか？　それは夢洲開発が大失敗になるのが確実で、莫大な税金を無駄にしてしまった責任を追及される。「吉村と横山、お前らがドロをかぶれ」ということだ。

はたしてこのまま「ダメダメ万博」は強行されてしまうのか？

それは世論次第である。カジノ業者への賃料の談合疑惑、1200億円→1850億円→2350億円と、どんどん上振れする会場建設費。今後は万博から逃げるゼネコン、カジノから逃げる業者と、引き止めたい政府&維新の綱引きが始まるだろう。

この中に決定的に欠落しているものがある。それは国民の意思とその生活だ。株の世界に「損切り」という概念がある。「ここまでお金を突っ込んできたから、止められない。もう少し」と、ズルズルとお金を入れてしまい、結果、破産に追い込まれる。それを避けるための勇気ある撤退。戦争もカジノ（博打）も始めるのは簡単だが、終わらせるのは難しい。

しかしこの事態を指をくわえて傍観するわけにはいかない。ぜひ、この本を拡散していただき、中止に追い込む世論を高めよう。そして次こそ、自民でも維新でもない、真っ当な政治を取り戻すのだ。そんな気持ちを込めて語り合ったのが、以下の対談である。引き続き最後までお読みいただきたい。

注

1　**浚渫《しゅんせつ》土砂**　浚渫とは、港湾や河川の底にたまった土砂やヘドロなどを取り除くこと。取り除かれて出た土砂のことを「浚渫土砂」という。淀川の河口付近にたまったヘドロには、かつて工場廃液として排出された有害物質が多く含まれている。

2　**不等沈下**　全体が均一に沈むのではなく、場所によって浅く沈むところと深く沈むところのバラツキが生じること。そのため、上に建物がある場合、傾いて沈んでいく。

3　**PCB**　Poly Chlorinated Biphenyl（ポリ塩化ビフェニル）の略称。人工的に作られた化学物質で、水に溶けにくく、熱でも分解しにくいため、生物の体内に蓄積されると排出されにくい。極めて毒性が高く、発がん性を有し、また内臓障害やホルモン異常を引き起こす。

PART.2

万博もカジノもいらない。真っ当な政治を取り戻す

対談

日本共産党前参議院議員
たつみコータロー

※この対談は2023年9月15日に行われました。

法律を守っていては間に合いそうもない万博工事

――この対談のテーマは「万博もカジノもいらない。真っ当な政治を取り戻す」です。まずは万博に関して。先日、もう万博は中止せよ、という声明を出されましたね。

たつみコータロー　２０２３年８月30日に、日本共産党大阪府委員会として声明を出しました。「２０２５年４月に開催予定の、大阪・関西万博は中止せよ」という内容です。なぜこれを出したのか？　それはもう、万博をすべきではないというところまで破綻をしている、からです。２０２３年の６、７、８月にはパビリオンの建設が遅れているという報道がありましたね。

――ゼロですよ、まだ（笑）。

たつみ　でも、パビリオンの建設が遅れてるから中止せよ、というのではなくて、建設をゴリ押しするために、通常ではないやり方で推し進めようとしている。この点で、特に労働者の命と安全が脅かされる事態になる。だから中止せよ、ということです。具体的には、今から建設を始めても大変工期が短いのです。

――あと1年半ですよ。

たつみ　そう。しかも、来年４月から労働時間の上限規制が始まる。

――2024年問題ですね。

たつみ　はい、これを適応除外にしてくれないと間に合わない、という声が出て、実はこれは政府内部でも議論されている、と。ではなんでこの規制があるかというと、労働時間、残業時間の規制ですから、労働者の命と健康を守るためのものなんです。

――当たり前のことです。8時間で労働を終えて、残りの時間で健康を維持し、余暇を楽しむためのものですからね。

たつみ　つまり「現行法では建設ができない」ということです。法律を破らないとダメ。違法なことをしなければ万博が開催できない。こんな事業は破綻しているでしょ、と。

――世界に向かって恥ずかしいことですよね。

たつみ　違法なことをしなければできません、と言ってしまってるわけです。仮に2024年4月からの規制が万博工事に適用されたとしても、工期が短いので、違法なサービス残業をさせることは目に見えています。私たちが最初に重視したのは、労働者の命と安全です。この基本部分を犠牲にしてまで開催せねばならないのか？　だから、やめろ、と。

――テーマは「いのち輝く未来社会のデザイン」ですよ（笑）。テーマと真逆やないですか。

たつみ　それで、サブテーマは「いのちを守る」（苦笑）。命、命と言っておきながらね。

――もうブラックジョークです。

たつみ　違法なことをしなければできない事業なんです。もう行き詰まっている。

――国や大阪府、大阪市は、その違法なことを取り締まる側でしょ？　「ブラック企業はダメですよ」と注意するところが、ブラックなことをさせてどうするの、という話。

たつみ　はい。それで政府は「日本貿易保険を特例で適用させよう」と。これ、どういう保険かというと日本政府が１００％出資している保険で、日本企業が海外との取引で代金が回収できなくなった場合に、その損失を補償するもの。これを万博工事にも適用して、ゼネコンさんに入ってもらう、しかも保険料は３分の１でいい。もし、参加国から工事代金をもらえなかったら最大で１００％保証しましょう、という内容です。つまり税金で救ってあげようと。

――裏を返せば、参加国が代金を払わない可能性が高い。日本政府自らが「なにかトラブルが起こるのでは？」と懸念しているわけですね。

たつみ　おそらく各国はそれぞれ自国の予算承認をもらってゼネコンと契約するわけです。でも契約した当初の金額よりも間違いなく膨れあがるだろう。その時に各国がゼネコンにすんなり払うだろうか？　上振れした分は払ってくれないのではないか？　この事態を恐れて、前もって保険で補填しておこうと。

――だって、ゼネコンはすでに「これではできません」と辞退してますよ。

たつみ　無理なんです。夢洲は何が埋まってるかわからない土地。初めに言ってた金額より膨れあがるのは当たり前なんです。

建設労働者の命をむしばむ夢洲の土壌汚染

――情報公開で出てきた資料によると、ＰＣＢ、六価クロム、ダイオキシンなどが山ほど入っている。

たつみ　それを日本政府が１００％出資している保険で、「ゼネコンさん安心してください。全部もらわれへんかったら、うちが保証します」。こんなふざけた話があるか、と。

――保険、保険って言ってるけど、丸ごと税金じゃないですか。

たつみ　はい、税金です。万博事業を、無理やり、法律を変えてまでやる、ということになってしまっている。

――テーマの「いのちを守る」でいいますと、ゴミが埋まっているところに穴を掘ってしまった。PCBや水銀、アスベストが粉塵となって飛び散ってるから、労働者は危ないのと違いますか？

たつみ　夢洲を視察に行ったときに、島の端の方なんですが、PCBが何トンも入ってる、土嚢のようなものがありました。

――それ、藤永さんが写真を公開してました。1万袋もあるって。

たつみ　天日干しにしてるんです。なんでここに干してるんですか？と担当者に聞きました。要するにPCBと水は混じり合わないので、水は下に落ちていく。だから純粋に土とPCBだけになる、との回答。

――純然たるPCB（笑）が1万袋。

たつみ　これ、どこに持っていくんですか？と聞いたら、なんと「万博の駐車場の下に置いておきます」。もちろん、何10センチかは土をかぶせて、その上をコンクリートで舗装するんでしょうけど

――下はPCB。

たつみ　「命輝けるのかな？」と思いました。

――そこは駐車場にもなるし、「空飛ぶ車」の着陸場でもあるらしいですよ。空飛ぶ車ってホンマに飛ぶんかいな（笑）、と思いますが。

たつみ　危ない、危ないと言われてるのは、まさにその通りで、もともと夢洲は大阪湾の浚渫土砂で埋め立てています。

――ヘドロですね。

たつみ　はい。だから掘り返したり、杭を打ったりすれば、有害物質はどんどん出てきます。そこで働く建設労働者の安全衛生、これがどうなのか？

――「コンクリートで固めてますから」と言われても、参加者も大丈夫なのでしょうか？

たつみ　そうです、万博の横ではカジノの建設工事がありますからね。

――カジノ予定地もヘドロで埋まっています。同時並行で工事しているということは、穴を掘り返してますよね。粉塵が……。

たつみ　そんな工事を横目に、万博を楽しめるのかな？と思います。遅れていることで、いろんな「普通ではないやり方」で推し進めようとしている。命と安全が犠牲になる万博なら、もう止めるしかないでしょ。

お酒の場で「思いつき」のように始まった夢洲での万博

——夢洲で開催する。これがネックになっています。橋とトンネルしかない、ヘドロいっぱいの島。これ、決めたの松井でしょ?

たつみ 万博が持ち上がったとき、候補地としては上がってなかったんです。

——千里の跡地、りんくうタウンなどが出てましたが。

たつみ はい。突然、会議の中で役人が「夢洲に決まりました」と報告してね(苦笑)、何で? 今までの議論は何だったんだ?

——確か予定地は6カ所。なぜ候補地でもない7カ所目の夢洲が?

たつみ そう。役人が突然来て「決まりました」。「何でや?」と聞いたら、「松井知事の思いです」(笑)。じゃぁ、その「思い」は何なのか? それは間違いなくカジノなんです。当初はカジノが先に営業する、と。

——予定では24年にカジノ、25年に万博でした。

たつみ カジノは民間事業ですから、インフラ整備は税金ではできない。だから国策である万博を開催するという口実で、夢洲の開発をやってしまえ、と。万博は半年で終わりますから、ずっと居座るカジノ業者にすれば、ほとんど負担せずに営業できるわけです。

――業者にすればおいしい話ですね。

たつみ　だから当時手を挙げてた候補の1つが……。

――確か最初は3つの業者が大阪を狙ってました。

たつみ　そのうちの1つが、万博が大阪に決定したときに「おめでとうございます。これで夢洲が素晴らしいところになります」と声明文を出してね。あの時はまだカジノ業者がオフィシャルパートナーとして入ってましたから。

――その業者の1つがラスベガス・サンズです。トランプ大統領に巨額の献金をしているところ。で、トランプとアベが会談したときに「シンゾー、日本でもカジノをやったらどうだ」という「助言」があった、と聞いています。

たつみ　名刺をもらったとかね。私も覚えてますが、カジノは維新の会がずっと推進してきて、議員立法で議論してほしい、と言ってたんです。でもなかなか陽の目を見なかった。ところがアベ首相がアメリカに飛んでトランプと会って帰ってきた直後に「議員立法をやる」。だから臨時国会なんです、1回目はね。カジノ推進法だったかな? 臨時国会の途中でした。「もう年の瀬やな」って言ってる頃に「カジノをやろう」というのが急に出てきて。

——日本は刑法で「賭博は禁止」ですからね。それをいきなり180度変えるんですから。

たつみ 先ほどの夢洲の話も、松井知事(当時)がいきなり。維新とアベ政治のつながりの中で、松井知事がお酒を注いで注いで(笑)。

——そう、アベスガ松井橋下の4人で飲んでね。

たつみ 「おちょこ事件」って言うらしいですが(笑)。

——あの時は、まだアベは胃腸の調子がよかったらしい。

たつみ いい気分にさせて、「なら、万博やろか」と。

——酒の席で決めんなよ、って話ですがね。

たつみ もともと「思いつき」のような感じで始まり、夢洲もカジノのためになるということで、土壌の問題、有害物質の問題、アクセスの問題などをロクに調べずに決めてきたことが、今になって大問題になっているのです。

――本来なら周りが、「知事、ちょっと無理でっせ」と止めないとアカンかった。でもアベスガ政治と維新政治になって、まともな人を人事でみんな飛ばしてたから。霞が関の官僚も、大阪府庁や大阪市役所の幹部クラスも、この4人に対しては恐ろしくて物が言えない状態。結局、プーチンみたいな感じだったのでは？

たつみ　イエスマンばかりになって。

大雨が降れば、夢洲から帰れなくなる遠足の子どもたち

――でも、そのおかげで万博がものすごい税の無駄遣いになってる。

たつみ　そうです。先日、政府に尋ねました。「万博って、一体いくらかかるの？」。回答は「わかりません」（笑）。

――そう、私も誰からも「総額いくら」って聞いたことがありません。実際、誰もわからないのでは？　夢洲がどれだけ沈むのか、がわからないのと同じように。

たつみ　万博関連の整備費、今、計算してるんですが、おそらく1兆円を超えます。

――えっ、1兆円超える？　それ、3分の1を大阪が出すんですか？

たつみ　国と大阪府市、財界で3分の1にするのは、会場建設費です。今のところ1800億円。これ、まだまだ膨らむと思いますが（10月5日現在で2350億円）。

――でも1兆円超えたら、財政破綻しますよ。

たつみ　調べてビックリしたのは、たとえばインフラ整備費の中でもね、高速道路の淀川左岸線とか、会場に直接行くインフラもあれば……。

――地下鉄もね。

たつみ　そう、地下鉄も。見てビックリしたのはね、四国の道路が万博建設という名目で予算がつけられている。中国地方、四国地方の道路が（笑）。

――えっ、中国・四国の高速道路が万博予算？

たつみ　そう。だから1兆円規模になる。巨大開発ですよ。

――開発業者の「税金チューチュー吸い上げシステム」。万博という蜜に群がった。

たつみ　全部が税金ですからね。大型公共事業の形で。

――少子高齢化で限界集落をどうするのか？　子どもの貧困が叫ばれ、子ども食堂に頼らなアカンことになっているのに、こんな無駄遣いしてる場合ですか？って話ですよね。

たつみ　子どもの話でいうと、吉村が先日、「大阪の子どもたちを無料で招待します」って言ってました。よくよく聞いたら、大阪府は20億円の予算を組む。

――前売券を府が買って、遠足で連れていく？

たつみ　1回目は府、2回目は市町村だそうです。行かんでいいから、お金返してほしいわ（笑）。

――連れていって大雨降ったら「トンネル水没や、どないしよ」。子どもたち帰ってこられへんよ。

たつみ　「帰ってこられへん」という問題は深刻でね、夢洲には2ルートしかない。夢舞大橋と夢咲トンネル。２０２３年4月15日にカジノの審査会があったんです。ここが大阪カジノを認定しましたよね。

――大阪府知事選挙、大阪市長選挙で維新が勝ってしまったからね。

たつみ　そうなんです。その審査会が夢洲の災害時の避難問題を指摘していて、「この２つが使えなくなったときに、どう避難させるんだ？」

――避難しようがない。

たつみ　陸の孤島になる。

――新関西国際空港がそうなりました。

たつみ　この指摘はすでにされてます。この前、政府に聞いたら「まだ避難計画は作っていない」。

――放ったらかし？

たつみ　放ったらかしにならざるを得ない。最近の大阪湾は台風の通り道になっています。

――よく大雨が降りますねん、特に夢洲周辺で（笑）。大雨でトンネルが水浸しになったら、ポンプアップするしかないんです。海より低いから、外へ流せない。現場は大変です。

たつみ　２０１８年でしたね、台風21号が直撃して、コンテナが飛んでました。この間、藤永さんがいろいろと調べてくれて、「下水は足りるのか？」と。

――足りません。８万人分しかない。１日20～30万人来たら、「くみ取り万博」。

たつみ　赤旗まつりで外にトイレ置いてます。あの簡易式（笑）のを置くしかない。

――盆踊りとかでね（笑）。

たつみ　それを並べた万博って。

――世界に発信するわけですよ、日本の優秀な簡易トイレを（笑）。

たつみ　２０２５年４月に向けて、何が何でもやると言ってますけど、本当にこのまま突っ走っていいのか？

談合によって不当に安く設定されたカジノの土地の賃借料

――共産党の声明はタイミングも、内容もよかったと思うのですが、クリーンヒットだったのが赤旗の日曜版。いい仕事をしてくれました。カジノ業者への賃料疑惑。

たつみ　カジノ業者に貸し出す49ヘクタールの土地。あそこは買い取ってもらうのではなく貸し出す、家賃もらって大阪市が貸し出すわけです。

――夢洲は大阪市の土地ですから。

たつみ　この賃料をめぐって大阪市は不動産鑑定業者、４社にお願いしたんです。そのうちの３社で、地価が１㎡当たり12万円、１カ月の賃料４２８円という数字が見事に一致していたんです。

――1㎡428円って、めっちゃ安い。

たつみ どれくらい安いかというと、隣接するユニバーサルスタジオジャパン（USJ）の近くのホテルの地価が約50万円～60万円。

――USJの4分の1以下。

たつみ 3社が12万円でピタリと一致するというのは、まずあり得ない。

――宝くじ並みの確率らしいですよ。

たつみ 何円とか何十円の単位で、絶対に違ったものになる。

――絶対、相談しとる、大阪市と。

たつみ このことを赤旗がスクープ。3社が談合したのか、または大阪市が「12万円で出してくれ」と頼んだのか。

――私は大阪市が「12万円で」と指示したんだと思います。

たつみ これを赤旗がスクープして追及したら、大阪市は「公文書を廃棄した」と回答。

――森友問題と一緒。

たつみ　そう。で、廃棄した時期はいつなのか？と聞くと、赤旗のスクープが出る直前だった（笑）。つまり赤旗の記者が大阪市に、「こんなことがあるんですが」と当てますよね、記事にするために。この質問をした直後から、公文書がなくなっていった。

――2022年10月頃でしたか？

たつみ　初めになくなり出したのが9月の終わり。赤旗のスクープは10月3日号でした。

――わかりやすいな、大阪市（笑）。

たつみ　その後、MBS毎日放送が11月頃に続いてくれた。

――これ、よかったですよ。赤旗に続いてMBS。在阪マスコミも時には頑張ります。でも松井は激怒してましたよ、MBSに（笑）。

たつみ　はい。あれもちょっと酷すぎますよね、記者を吊るし上げて。で、昨年来、この賃料の談合疑惑を追いかけているんですが、なんと今回、またまた新たなスクープ。実はその3社のうち、2社の鑑定評価の中身を精査したんです。鑑定は、まず事例地というのを持ってきて、そこに係数を掛けて計算していくんです。

――たとえば福岡駅前の土地Aに特定の係数を掛けて「夢洲ならこれくらいだ」と弾き出す。それが静岡や北海道、名古屋でもいい。

たつみ その事例地が、2社、まったく同じ土地だった。これもあんまりないことです。

――47都道府県の、たくさんある事例地。まったく同じ土地で鑑定するなんて、これも宝くじ並み。

たつみ その上にですよ、本来は土地の計算ですから土地の値段だけを見て鑑定するべきなのに、「土地、建物」として取引事例にしていたんです。でもこれは間違いで、「建物」は余分なんです。

――カジノ業社は土地だけ借りて、自分で建てますからね。

たつみ 事例地がまったく同じだっただけでなく、2社ともに、この同じ間違いをしていた。

――宝くじを超える確率です。数字も揃うし、ミスも揃う（笑）。

たつみ テストでカンニングしたら、回答を書いてたヤツが間違っていた。なので同じ間違いになった（笑）。

――大阪市と相談していて、あらかじめ数字が決まっていた。後から理屈をつけて鑑定した、ってことですよ。だから大阪市は、その証拠を隠滅するために、公文書である鑑定業社とのメールを破棄した。

たつみ　そういうことです。結局、カジノではＭＧＭとオリックスとの合弁会社1社しか手を挙げなかった。大阪市が足元を見られている、逃げられたら困る。だから安くしておけ、ということですよ。

大阪万博は、ダメな政治家に行政を任せてしまった失敗事例

――ズバリ聞きますが、4月に統一地方選挙があって、たつみさんは知事選挙に出馬された。選挙中にテレビの公開討論会があった。吉村、谷口、たつみ、参政党の吉野の4人で激論されました。たつみ、谷口、吉野がカジノ反対で、吉村は賛成。でもこの談合の話が、選挙前に明らかになっていたら、選挙結果が違ってたかもしれない。

たつみ　そうなんです。公文書が廃棄された問題ですが、大阪市によくよく聞けば、「3月には鑑定業社とのメールの存在に気づいていた」って言うんです。

――はい、3月に港湾局の職員が、外付けハードに破棄したはずのメールが残されているのを見つけてくれた。なのに大阪市は黙っていた。

たつみ　はい、4月以降、港湾局の中でゴチャゴチャしていたから公表が遅くなった、と言いますが、3月に存在がわかった時点で公表していれば、この問題にもっと光が当たって、「何でこれだけ安いのか?」「何で公文書が捨てられてしまったのか?」が問われたでしょう。役人たちがどこまで忖度したのか、わかりませんが、公表したのは7月でした。

――松井が怖いのでしょう。選挙前に公表しようものなら、どんな左遷、降格人事が待っているかわからない。市役所の中は忖度、自粛の嵐ではないでしょうか?

たつみ　今、「松井市長（当時）が怖い」とおっしゃいましたよね。カジノの賃料問題での記者会見を見てても感じるのですが、何が怖いかというと、問題をちゃんと理解してないことが怖いですよ（苦笑）。間違ったことを堂々と記者会見で言ってしまう。記者に対して反論する。これがある意味一番怖い。

――役人からしたらね。

たつみ　役人も記者も。記者にしたら、話が噛み合わへんのですよ。理解してへんから。

――ある意味、最強の男（笑）。

たつみ　そう最強（笑）。自分は理解していないのに「間違っていない。大丈夫だ」と突っ走るから、それに合わせて役人も走らなきゃいけない。

——カジノの住民説明会のときに堂々と「税金は使いません。一円も使いません、全部業者が出すんです」と何度も言ってました。今になって「お前、なんぼ使うねん」（笑）って怒ってる市民、多数いますよ。どんなけウソを言うてんねん、って。あ、そうか、自分ではウソと思ってないかも（笑）。

たつみ　あの人、本当に理解してないんですよ。それが一番、怖いというか強いというか。だから下で働く人は辛いやろなーと思います。

——アメリカのトランプと似てますね。こんな人が権力者になったら恐ろしい。

たつみ　夢洲もちょっと調べたらわかったはずですよ。

——ゴミで埋まってて、橋とトンネルしかない。ここは無理やって。

たつみ　すぐにわかるでしょ。でも突っ走る。「夢洲は負の遺産」とか言ってね。でも「負の遺産」じゃないです。現役のゴミ処分場ですから。万博をして夢洲が使えなくなれば、別の所にお金払って処分しないといけない。

――本当にとてつもなくダメな政治家に市政を任せてしまった結果が、今の大阪ですね。なんとかして変えないとダメだということが、よくわかりました。本日はありがとうございました。

たつみ　ありがとうございました。

PART.3

なぜ維新が伸びるのか?
その謎を解き明かす

対談

思想家
内田 樹

※この対談は2023年9月28日に行われました。

維新支持の底に感じられる、暴力性や差別意識への共感

――今回のテーマは「なぜ維新が伸びて&岸田内閣が続くのか？　その謎を解き明かす」です。まずは維新の問題から。不祥事が続くので、私の周囲でも「最初はいいと思ってたけど、だんだん嫌いになってきた」という人が増えてきています。でも、選挙になったら勝つ。いったいどういう現象が起きているのでしょうか？　テレビを使ったイメージ戦略が成功しているのか？　とくに大阪、兵庫、京都で維新は議席を伸ばしたでしょ。

内田　樹　これはね（ちょっと間をおいて）、よくわからないんです（笑）。既存の、これまでの政治的な言語では、維新の人気って、説明がつかない気がします。多くの左翼系の人たちは「大手メディアのせいだ」と言います。大阪府民、市民に対して維新がやっていることをきちんと報道しなくて、大本営発表のような放送に終始し、吉本興業の芸人たちのヨイショもあって、「市民たちは実像を知らないんだ」と。つまり「騙されて支持してる」と結論づけているのが、左翼やリベラルの人たちの批判です。いわゆる啓蒙論ですね、「愚かな府民、市民たちに真実を伝えれば、彼らはハッと目が覚めて『維新ってヒドイ奴らだったんだ』と支持するのをやめるだろう」。これが左翼の人たちの維新論です。でも僕は長く、10年以上も維新を見てきて「それは違うだろう」と思い始めています。

――橋下徹が知事になったのが２００８年。10年どころかもう15年続いてます。

内田　15年間ずっと権力を握って、大阪で何が起きたのか？　教育や医療、行政サービスを劣化させてきて、維新議員たちのさまざまな不祥事があった。さすがに暴言や不祥事は隠せません。いくら粉飾しても無理。つまり維新の思想や本質を、有権者はすでにわかっていると思うのです。つまり、有権者は維新の本質をわかった上で支持しているのです。

――確かに15年も続いたら、もう一過性のブームではない。

内田　本質をわかった上で支持している。つまり「維新のやり方、イデオロギー、政治的な姿勢が支持されている」ってことなんです。悪い奴ら、酷い奴らだからこそ、支持されている。

今も覚えているのですが、２００８年に橋下徹が大阪知事に立候補するときに、まだ大学に在職してましたから、ゼミの学生12人に「今度、橋下さんが知事選挙に出るけれど、みんな、どう思う？」ってきいたんです。すると12人中10人が「投票する」って（苦笑）。

――当時はすごい人気で、テレビに出ずっぱりでしたもん。

内田　20、21歳の学生にも人気があった。でも「内田ゼミ」の学生ですよ（苦笑）。僕の話を2年間くらい聞いていても（笑）、「支持する」。思わず「何で？」と聞いたら、「すぐ感情的になるところが好き」「言うことが支離滅裂だから」「隣のお兄ちゃんみたい」。

――それって政治家として一番ダメな資質じゃないですか。

内田　エラそうな政治家ではない、言ってることが変、論理性がない。そんなところが「隣のお兄ちゃんみたい」「親しみが持てる」って。これを聞いたときにね、つまり「支離滅裂、論理性がない」「すぐ感情的になって人をののしる」。そんなところがいいって言われたら、もう反論のしようがない（苦笑）。

――内田さんは女子大学で教鞭を取られてたから、ゼミ生は女学生ですよね。言うことが支離滅裂とか、すぐ感情的になるとか、これＤＶ（家庭内暴力）男の性質。女性こそ警戒しないとダメな資質じゃないですか。

内田　驚きました。「ああいうタイプがいいんだ」って言ってました。政治家としてはまったく斬新な。今までの政治家って、まぁ酷い奴もいましたが、基本的にはきちんとした、見識も高いし、選良と言われるだけあって一応、表向きは紳士然としているわけですから。

――普通の政治家には「隣のお兄ちゃん」みたいなイメージはないですね。

内田　「隣のお兄ちゃん」のイメージを前面に出して、それで成功する。この戦略を取った人って、彼の前にはいなかった。これまでも大野伴睦とかハマコーとか「その土地のボス」みたいな人が政治家になったこともありますが、テレビの世界からタレントがピュッと飛び出てきて、とくに政治的な見識があるわけではないけれど、すごく身近に感じる。自分たちと同じくらいのレベル。そんな安心感がある、って言われたとき、「あぁ、これには勝てない、負けてしまう」と思ったんです。

――でもその空気感は２００８年頃の話。その後「従軍慰安婦は必要だった」というトンデモ発言に加えて、敬老パスの廃止、住吉市民病院の廃止など、かなりの行政サービスを削減。大阪の中で「維新はイヤや」という声が高まっていく。だから私も「4、5年したら消えていくだろう」と思っていました。ところが消えないんですよ。

内田　どこかで、日本の有権者の中に「表には、口には出せないような欲望」みたいなものがある。維新が代弁し、代わりに実行している。普段は押し隠している攻撃性、暴力性や差別意識とか、そんなものを彼らが代わりに演じてくれる。そのことに対する「共犯関係」。これが維新支持の一番、底にある事実じゃないかな。

平気でその場しのぎのウソが言える、維新の「強さ」

――これってアメリカのトランプ現象に似てません？

内田　似てます。

――「こんなこと言ってもいいの?」ということを言うから、逆に人気が。

内田　ポピュリストって全部そうです。「それを言っちゃ、おしまいよ」ということを平気で言う。それに、前後でまったく違うことを言って、「あなた、前に言ってたことと矛盾するじゃない?」と指摘されても、一切気にしない。昔、検事だった友達に聞いたんです。よくテレビドラマで「お前!さっきはこう言ったけど、実はこうだったじゃないか!」。前後の供述の矛盾を突くと、「はっ、すいません。私が犯人です」と泣き崩れる。でもあれは全部ウソだって。

――えっ、ウソなんですか?

内田　今言ったことと、前に言ったことの矛盾をいくら指摘しても、プロの犯罪者は「あっ、そうですか」。ヤクザなんか、「じゃぁ今日のが本当です」。今でも覚えてますが、その友人は「前後の供述の矛盾を突いて、ボロボロ崩れていくのは内田、お前みたいなヤツだ」。自分のことを知的だと思ってる人は崩れる。でもプロの犯罪者はそんな柔いタマじゃない。だから維新のメンバーに「矛盾してるじゃないか」と指摘しても、痛くもかゆくもない。

――平然とウソがつける。これ、よくわかります。橋下はプロですわ。テレビ討論などでウソついても平然としている。吉村はね、目が泳ぎよる(笑)。橋下のレベルまでいけてない。記者会見でちょっと万博の話されたら、目が泳いで不機嫌になってる。やっぱり橋下は、検事さんが言う「プロ級のウソつき」です。

内田　で、みんなその「マナー」を学んでいて、論理矛盾を突かれたり、食言をとがめられたりしても痛くもかゆくもない。崩れるのは「知性的な人間、論理的な人間と思われたい」と思ってる人。逆に彼らはそう思われないことでポピュリズムを獲得しているわけだから。

――その場その場で勝てばいいだけ。

内田　そう。「あんたの言ってること間違ってますよ。もっと勉強してください」などと、バッと強行突破してその場をなんとかつくろえば、後でウソついてたことがバレても、もうどうにもならないんです。

――記者会見でもそうです。「対案はあるのか?」と逆質問して追い詰めたりする。

内田　麻生太郎もそうだけど（笑）。「○○について、あなたご存知なのか？　こんなことも知らない人間が質問するな」ってね。この論法をよく使いますが、とにかくその場しのぎで、いろんなことを言うが一貫性がない。この一貫性がないことを、戦略的に採用しているのです。次から次と、その場その場で言い続ける。それが自分たちの人気の秘密だということを知っている。

――橋下や松井は記者会見で、気に入らない記者を吊るし上げるんです。それを他の記者が見てますから、怖いじゃないですか。なので、まともに質問できなくなっていく。

内田　ヤクザのやり方なんです。ヤクザは相手が複数のときには、絶対に「お前ら」とは言わない。「お前！」と個人を名指しする。

――一番気の弱そうな人を？

内田　集団の中の個人を捕まえて、「今、俺にバカヤローって言っただろ？」「いや、違います」「じゃぁお前か！」「違います」。1人ずつやっていくんです。

――なるほど（笑）。

内田　100人いても、みんなが「違います」と言って、じりじり下がっていく（笑）。僕は一度、ヤクザがそれをやってるところを目撃しましたが、「うまい！」と思わず膝を打ちました。こうやって分断していくんだ、と。けっこうみんな、エゴイストだから衆を頼んではいますが、バラバラに個人で「お前、名前なんていうんだ？」「ぶっ殺してやるぞ」と言われたら「すいませんでした」と引っ込んじゃうんです。

――大手メディアの記者たちは優等生が多い。よけいに縮みあがりますよ。そんなことに慣れてないから。最近はＭＢＳ（毎日放送）が松井にやられてます。カジノ賃料疑惑で頑張ったから。松井の吊るし上げを見た朝日放送、読売放送などは縮こまるんやろなー。

内田　ヤクザのやり方なんですが、プロですよ、よく知ってます。昔なら日陰者の人たち、裏街道を行くような人たちのテクニックを、前面に持ってきたというのが維新ですよ。

――ある意味、橋下は天性のものを持っていたんでしょうね。

内田　僕は天才だと思います。

若さとイメージ戦略の選挙戦に、実力や見識はいらない

――橋下のやり方をまねて、松井や吉村が同じことをしています。今は横山英幸や藤田文武が。

内田　だんだん小粒になって（笑）。

――目が泳ぐ、ムキになる、訴えてやる（笑）。

内田　本格的なヤクザ、みたいな人はいなくなってきました。

――橋下は暴言をいっぱい吐きます。たとえば「従軍慰安婦は仕方がなかった」。沖縄の米軍に対して「風俗を利用してください」などもそうですが、御堂筋のビルの高さ制限を緩和したときにね、

「社長のみなさん、ここにタワマン建てて、愛人でも囲ってください」。彼の中には強い男に媚びる&どす黒い女性差別意識があります。「橋下さんに入れる」と言った女子学生、こんな発言聞いて、どう思うのかな?

内田 そういう男が好き、ってあるんですよ（苦笑）。

――確かにお金を搾り取られても、暴力ふるわれても、ヤクザについていってしまう女性はいますけどね。

内田 神戸女学院ってお嬢さん学校なんだけど、連れてくる男性って、思わず目をつぶってしまう男性がけっこう多いですよ（苦笑）。

――よりによって、なんでコイツやねん（笑）。

内田 ずっとお嬢さん育ちなので、そんなタイプの男性に、けっこうクラクラっとしてしまう。今まで見たことないタイプ。

――「維新政治塾」があるんです。選挙になるとその中から立候補者が出てくるんですが、かつてアナウンサーだった女性や、弁舌さわやかなお兄さんなどが選ばれている。総じて若いんです。逆に自民、公明、共産の候補って、かなり歳を取っている。何期も県会、市会議員をやっている現職が中心になるから。パッと候補者のポスターだけを見ると、維新は若くて、爽やか。こうしたイメージ戦略にも、やられてませんか？　だって、昨今は有権者の選挙に対する熱意が落ちてしまって、「何となく決める」人が多い状況。ただ若い、美人だ、カッコいい、だけで決めそうですし。

内田　そのあたりも賢い。政治的実力とか見識なんていらない、ロボットだから。以前、維新の幹部が「当選した議員に対して、個別的なインタビューはやめてくれ」と言ってたでしょ。執行部がしゃべるから、個人には聞くな（笑）。独力では地方議員にも国会議員にもなれないんだけど、党の力があれば、維新の名前だけで当選できる。それによって非常に高い地位と収入が得られる。就職先としてはすごくいいわけです。

――商売やと思ってるんです。当選し、議員になれば年収1千万円以上。ちょっと見栄えのいいお兄さん、お姉さんが、たくさん「政治塾」から出てくる。

内田　すごく賢い「キャリアパス」です。何も要求されない、ただ「はい、はい」と幹部に言われたとおり動いてればいいわけです。頭を使う必要がない。

――4年に1回、選挙に勝てばいいんですから。

内田　今の状況なら、勝てそうだしね。下手な企業に勤めるより、維新に就職した方が圧倒的に楽だ、と。

——大切な議会が、そんな市議会、府議会議員によって多数を占められている。住民にとってはまったものじゃないですよ、議会が議会でなくなっていく。

内田　維新の人たちって、ネゴシエーション、交渉ができないでしょ。1人ずつ、実現したい政治的な目標があるわけでもないし、信念があるわけでもない。組織とか地盤があるのではなく、みんな陣笠です。永遠の陣笠。自分にとって政治的な信念があると「今回は、ここを譲ってくれない？」「その代わり、次はこれを通して」などのやりとりが地方議会のレベルでもある。でも維新のレベルだと、交渉ってできないと思います。

「道頓堀プール」と同じ失敗の道を歩んでいる大阪万博

——残念なことに関西で、とくに大阪で、そんな維新議員が圧倒的な数を占めてしまいました。だからこの数年間、いけいけドンドンで、万博とカジノに突っ走ることができていた。しかしここへ来て、「大阪万博はオワコン、無理だ」というのがバレてきた。

内田　無理だと思います。実現しない可能性が高い。

——無理やり強行したら、めちゃくちゃショボい万博。

内田　ショボいし、危険な万博。まず、たどり着けない（笑）。

――橋とトンネルだけ。大雨降ったらトンネルが水没して帰ってこれない（笑）。

内田　トイレがない（笑）。すごく使い勝手の悪いところ。地盤がグチャグチャで。

――カジノをやりたいがために、万博を無理やり誘致して。

内田　カジノみたいな高級施設が、はたしてできるのか？　あの地盤で。

――カジノ業者が逃げるかもしれません。夢洲の真実がわかったら「投資できない」と。

内田　だからＩＲもできないんじゃないかと思います。

――はい、ビルを建てたわ、地震来たわ、液状化したわ……。

内田　南海トラフ。30年以内にくる確率が70％ともいわれてます。普通に考えたら、あんな地盤の悪いところに、お金かけてモノつくるって、やりませんよ。

――30階、40階のビルは重いので、ズブズブと沈みますし。

内田　万博もあと1年半ではできない。万博にならずに「日本博」（笑）。あと2、3の国が、たとえば韓国は来るらしいので「3国博、4国博」（笑）。ほとんど客は来ないでしょう。

――入場料7500円ですから。

内田 誰も払わないので、今は企業が買わされてます。それで一部上場の企業関係者に聞いたら、チケットを社員に売るそうです。「配るの?」と聞いたら「そんなの、売るに決まってるじゃないですか」。

――社員もたまったもんじゃないですよ。

内田 ノルマは1人5枚だ、とかね。

――3万円以上の出費(苦笑)、かわいそうに。一連の、はちゃめちゃな万博騒動で、維新にかなりの逆風が吹き始めているようです。お祭り資本主義、つまりヤクザ的な、イベント頼みの行政に対する矛盾が噴出しているのではないですか?

内田 みなさん忘れてるかもしれませんが、たとえば「道頓堀プール」がありました。

――はい、堺屋太一が提案してた。

内田 2012年でしたが、「大阪10大名物」というのをぶち上げて。そのときの目玉が「道頓堀プール」。最初、2キロのプールをつくるって言ってました。

――道頓堀川にビニールの巨大な袋を浮かべてね。

内田　大阪の新名所にする。この経済効果が「東京オリンピックを超える」（笑）。何兆円かの効果だ、と。それがすぐに2キロが800メートルに縮んで、最後は80メートルのプールに縮んだんだけど（笑）、それでもお金が集まらず、結局流れた。それが2014年頃。そのときに「今度は万博をやろう」と言ったわけですよ。

「道頓堀プール騒動」を見ていたら、この人たちは基本的に計画性のない人たち、大きいことを言って「経済効果数兆円」だとか、でも「基本的にホラだぜ」ってなんで思わないんだろう？　僕は大阪の有権者に対して驚きました。でも思わないんです。

だから大阪万博って、「道頓堀プール」のちょっと大きい版。だから同じようにコケるんです。でも大阪の人たちって、「あっ、コケた」と思うだけで（笑）、「いいじゃん別に」。それでまた次のお祭りに、ワーッと行ってしまう。そんな気がします。

――大阪城でモトクロス、御堂筋のライトアップとか、なんかチャラいんです（笑）。まさにヤクザが「祭りで儲けてやろう」的な発想。ずっとこんなチャラいことをして、「成功した」「儲かった（経済効果があった）」と騒いできたのです。

内田　今度の万博はすごいことになりますよ。

――私ね、取材して感じたのは、「みんな縦割り」だということ。万博協会は、「大丈夫、できます」。ゼネコンは、「もう無理だ」。大阪港湾局に行けば、せっせと上下水道の工事だけやってて、万博協会は前売りチケット販売に血眼……。それぞれの部署をコーディネートするヤツがいない。このままなら確実に失敗するでしょう。

内田　取材してどうでしたか？　夢洲には行きました？

――はい、8月だけで5回。何度行っても、まだ更地（苦笑）。パビリオンがまだゼロですから。たとえば「Aタイプ（各国独自のデザイン）でパビリオンを建てる」って言っている国に、あせった万博協会が「Xタイプ（協会のつくったプレハブ）はどうですか？」。せっかくデザインやコンセプトを考えてきたのに、「今さらXタイプかよ」。外国の担当者も戸惑いますよ。万博協会はAにするか、Xに変更するか、意向を聞かないとダメなのに、上から目線で、「Xにしましょう！」

調整しているヤツがいない。良くも悪くも東京オリンピックのときには電通がいた。でも数々の汚職で使えないので（笑）、電通なしの万博協会には調整能力がない。そして維新には行政能力がない。花火を打ち上げるだけ。結果として現場は右往左往している、そんな状態です。

内田　わかります。豪腕政治家の中には、難しいプロジェクトを成立させる人がいるんですが、日頃からいろんな人の相談に乗ったり、悩みを聞いて「それなら、やっとくよ」と恩を売っているんです。それで何かのときに一発回収する。「言いたかないけど、面倒みたよ」という関係。もしかしたら敵になるかもしれない人たち、中立の人たちに満遍なく恩を売っておいて、「あの人の頼みなら断れないな」という人たちを大量につくっておく。これが豪腕政治家の下ごしらえ、です。

維新はもう15年も権力を持ってるのに、そういうタイプの下ごしらえをしていなかったのではないか。ゼネコンなどの恩沢に浴して利益をあげている人たちは、たぶん、一部に過ぎない。あっちにも、こっちにも、いろんな人たちに分け隔てなく、という手法ではなかった。

――そうです。一部の限られたお友達だけが儲かる、竹中平蔵とか森下竜一とか。

内田　それはアベ政治と同じ。平時はそれでも回っていますが、ここ一番のときに行き詰まる。かつては、国を挙げた事業のときは「仕方ない。借りもあるし」と、立ち上がらざるを得ない人たちがいた。でも今回は一生懸命「国民的行事です」と言っているけど、まったく盛り上がらない。これは「日頃の不徳の致すところ」ですね。

「支えあう思想」によって、優性思想やファシズムに対抗

――もうすでに維新と政府の間で、「国の責任や、いや維新の責任や」（笑）。互いに責任のなすりつけ合いを始めています。恩を売っていくという話でいいますと、大阪都構想では公明党に恩を売り、裏取引をしていました。「公明党の候補者が出る大阪3、5、6、16区で維新が出さない代わり

に、公明党は住民投票に賛成する」という手法。でも今や維新と公明党は全面対決。ガチンコ勝負に持っていってます。つまり「老獪な政治」はできなくて、出たとこ勝負、すべては勝ち負けだ、という。

内田　公明党のような組織をつなぎとめておく、というのは政治的にはすごく有効なリソースです。でも簡単に捨てちゃう。

――公明党って、各小選挙区に2～3万票を持っていると言われてます。だから創価学会の支持を取れば、勝てる。その意味では自民党の方が老獪なんでしょうね。

内田　とにかく権力にしがみつく。その技術には長けています。

――今は岸田内閣の支持がガクンと落ちています。自民党があまりにもひどいので、何となく「維新の方がマシやな」と思っている人も多いと思うのです。本当は「維新の方がもっとダメ」なのですが、大阪ではそこが浸透していない。

内田　あとね、「加速主義」というのがある。資本主義は末期状態である。この仕組みはどこかで崩壊するが、政治的な正当性や多様性、包摂とかＳＤＧｓ（持続可能性）とかをやっていると、むしろ資本主義が延命してしまう。それより、一気に加速して資本主義を限界まで走らせて、「ポスト資本主義の社会」に抜け出たい、と。

――一種の革命のような。ドラスティックに変えるために、さらに貧困化した方がいい、と?

内田　そう、今の社会矛盾を逆に全部拡大して。たとえば、加速主義の人たちは「今の社会保障制度は全部捨てろ。生活保護も国民皆保険もいらない。強い奴だけが生き残るんだ」。

つまり彼らも「今が末期だ」と捉えている。こんな危機的状況のときに、みんなで助け合って生きていきましょう、ではなく「強い者だけが生き残り、弱い者は淘汰されていいんだ」。これけっこう危機になると出てくる。ファシズムがそう。豊かな時代だったら話は別だけど、このような危機的な時代では、「弱いものは淘汰されてしかるべきだ」。この危険な優生思想が流行ってしまう。成田悠輔なんかも。

――確かテレビで、「高齢者の集団自決、集団切腹しかない」と。

内田　彼が言う老人は、力が弱い人たち、社会的能力が低い人間。危機的状況では生き残れないんだから、他人をあてにするな。路傍で死んでくれ。その代わりに生き残った人はすべて強い人間。この人たちだけで、次の新しい統治機構をつくっていこう。これ、ファシズムそのものなんです。

――ギスギスした社会になりますね。本当は分厚い中間層があって、ある程度余裕があり、寛容な社会のほうがいいのに。余裕がないと政治や社会に関心が向きません。この中間層が薄くなってしまったのが日本の悲劇。労働組合が縮小し、正規労働者が非正規に落とされると、働くことで手一杯で投票にも行けなくなる。投票率が下がれば、組織を持つ勢力が勝つ。さてどうしたらいいのでしょう？

内田 国民全体が何となく「日本は落ち目になっている」と感じています。なんとか損害、被害を最小化して「中規模国家くらいで生きていきましょう」。この微温的なアイデア、僕なんかはこの考え方です。

——身の丈に応じてね。

内田 人口が減っても、ＧＤＰが成長しなくても、日本は豊かなリソースがあるんだから、みんなで支え合って、楽しく暮らしていきましょう。こういう寛容なアイデアってすごく不評で、逆なんです。もっと格差が拡大して、強者と弱者がはっきり分かれていき、「弱者が滅びて強者だけが生き残る、そんな社会にしたい」と思っている人たちって、すごく多い。それで実は社会的弱者の側にさえ、この考え方をする人たちがいるんです。

——それだと行き先はファシズム。みんなで支え合って底上げしていく、そんな形にしたいのに。

内田 でも、現実はファシズムが進む。世界中がポピュリズムへ。共通しているのは「互恵的な社会、相互支援的な社会が、弱い者を生かしてしまっているんだ」という議論。

おそらく大阪の維新支持者の多くは、強いものだけが生き残って、弱い人間は淘汰されて然るべきである、と考えている。維新はそっちに向かってアクセルを踏んでいるから支持されるんです。「有権者はまだ維新の実態を知らないから」「吉本の芸人がプロパガンダを流しているから」というのは一部の説明にしかなっていない。

――実態はもっと危険な思想が背景にある。

内田　「吉本の芸人がテレビで支えてるから」だとすれば、テレビの番組をちょっと変えてしまえば、維新は終わるでしょ。そんな簡単なものじゃない。

――言われてみればそのとおりですね。維新が選挙で強い理由の1つに、「多くの人々の意識の底流にファシズム的な優生思想がある」。これは難題です。でも、これに立ち向かわないと維新が消えても「維新的なもの」は残ってしまう。

アメリカへの属国根性を持つことが総理大臣の条件

――さて維新の次は、ダメダメな岸田内閣です（笑）。まだ政権は続いています。2023年9月の内閣改造。これ、どう見てますか？

内田　全然興味なかったんです（笑）。おそらく誰も興味なかったのでは？

――はい。改造したら支持率が上がるはずなのですが、下がってます。大失敗でした。

内田　「岸田内閣にまったく期待しない」という人が7割くらいいるんでしょ。

――「今すぐ辞めてほしい」が51％（笑）。

内田　こんなに人気のない内閣って珍しいです。

――河野太郎、高市早苗を留任させたのは、デジタルで失敗、放送法で失敗した悪いイメージを継続させ、次の総裁選挙に出られないようにするため。逆に林芳正を外したのは、次の総理として人気が上がるのを恐れた。茂木敏充に対しても、「ドリル優子」ならぬ小渕優子を抜擢して、茂木派から小渕派へ移行させせよう、と。結局は自分が総理を続けたいからライバルを蹴落とした人事ですよね。

内田　僕は永田町の人事には興味がありません（苦笑）。論じてもしょうがないような気がします。たぶん、狭い範囲の権力闘争の中で出てきたもの。そんな政治的な計算で人事をやってしまう。日本の将来のための人事ではない。ビジョンとかメッセージは何もない。

――まったくの国民不在。永田町の狭いコップの中だけで。

内田　利権の奪い合い。総理大臣をはじめ、日本人みんなが、日本は落ち目だとわかっていて、「なんとか盛り返そう」ではなく、落ち目なので「落ち目の泥舟から物を早めに盗み出しておこう」（苦笑）。火事場泥棒的なマインドが、日本の指導層、支配層の中に蔓延してるんです。どの業界でも、トップがなんとか現状を維持して、満額の退職金をもらって、自分が退職した後に倒産したり、事件が起きたりするのはかまわない。「わが亡き後に洪水よ来たれ」。このマインドが日本の上層部にこびりついている、そんな感じです。

――昭和初期の1930年代と似てきたのでは？

内田　どうなんですかねぇ。

――このままアメリカと戦争したら負ける。みんなそう思っていながら止まらなかった。今は、このまま財政赤字が膨らんだらヤバイ、と思ってるのに止まらない。

内田　1930年代と同じ、とよく言われるのですが、ちょっと違う気がします。当時の日本は、国力が右肩上がりの時代でしたし、年齢構成も今とは違って若年層中心。

――国民もエネルギッシュだった。

内田　急激にリッチになって、世界に伍していく。世界の五大国の一角として大日本帝国がある、そんな誇り高い意識があった。今の日本って主権国家でもないし、世界の五大国でもなんでもなく、20番目あたりにようやく入れてもらってるわけでね。

――1人あたりのGDPも急減しました。

内田　それくらいの貧しい国になっている。かつての大日本帝国、戦争に突入していったときって、勢いはあったと思うのです。「ウチはやればできる」と。今は軍拡やってますけど、戦争する気は誰にもない。単にアメリカのバイデンから言われて「GDPの2％にしろ」と言われたので、泣く泣くやっているだけ。

――オスプレイ買え、トマホーク買え、と。

内田　アメリカ兵器産業の不良在庫を押し付けられて、「はいはい」と買ってるだけ。アメリカのいうことを聞いて兵器を買っている限りは、自民党政権が永続する。アメリカというお代官様から免状みたいなものを（笑）もらってるわけ。今の日本人って属国根性が身にしみてるから、「ホワイトハウスから認知されているのであれば、日本の総理としてふさわしい」と感じる。もし野党から有力な人物が出てきて、ホワイトハウスが「危険な人物」「信頼関係が揺らぐ」などと言えば、「そんなヤツは総理大臣にふさわしくない」と、メディアは総力を挙げて引きずり下ろすでしょう。

――鳩山由紀夫さんがそうでしたね。

内田　まさに。鳩山さんの例を見てわかる通り、今の庶民感覚で言えば「アメリカの信任を得ることが内閣総理大臣の条件」なんです。岸田文雄はアメリカの信任を受けています。平気な顔してヘラヘラしてるのは、日本人が「アメリカから属国の代官として委嘱状をもらった人間を総理大臣として崇め奉る」というマインドになっているので、「日本のことは考えなくていい」。アメリカの方に顔を向けていれば、日本人はアメリカの代官についていく。奴隷根性になっているので気遣う必要はない、と。

43兆円の武器を買い込んでも、動かす人がいない自衛隊

——困ったことになっています。たとえば5年で43兆円の防衛費ですが、自衛隊員は約23万人と言われてます。定員の70～80％くらいかな。このままだと自衛官は巨大な欠員状態。戦前はある種、元気なスピリッツがあって、「満州まで行って開拓するぞ！」などと気合いを入れて厳しい土地に出ていく。今、そんな人、あまりいないでしょ。

内田　今、明治大正期の思想家で内田良平なんかを読んでますが、「元気いいなぁ」と感じます。シベリア、満州、蒙古までを含む巨大な合邦、連邦国家をつくるんだ、というすごく大きなことを考えています。ある程度は妄想的なのですが、スケールは大きい。今の日本の政治家にこれだけ大きな絵を描ける人がいるだろうか？　他国の革命闘争に身を投じて、命がけで戦うのですから。

——良くも悪くも、勇猛で壮大なスピリッツがあった。右肩上がりで突き進んで、最後はアメリカ

との戦争に突っ込んでしまう。無謀ですが、元気はある。今、子どもたちに「将来、何になりたいか?」って聞けば、1位がユーチューバー（笑）。いくら5年で43兆円の武器を買い込んでも、動かす人間がいない。

内田　自衛隊に入隊する人はどんどん減っていくでしょうね。

――それに「いじめ自殺事件」などもあるし。

内田　そう、ひどい事件が起きてますよね。訓練中の銃殺事件やセクハラ事件もあった。

――防衛大学でも、いじめ事件がありました。

内田　軍隊の士気っていうのが、すごく低いのではないか。タクシーの運転手さんって、けっこう自衛隊上がりの人が多いそうです。聞くと「衣食住は提供してもらえるけど、あまりにも給料が低い」って。その人は手取りが8万円くらいって言ってました。

――8万円って最低賃金にも届かない。

内田　もちろん、住居、食費、衣料費などは現物支給ですが。でも43兆円も使うんだったら、今の自衛隊員の給料を3倍くらいにしてあげなよ、と思います。増やせば、仕事がないから自衛隊に行こうかな、免許も取れるし、となってくるのではないか。この実態を聞いてビックリしたのは、もっと人件費に使えよ、ってことです。でも、人件費にはほとんど使わない。アメリカ製の武器を買うんですから。

――それもローンで買いますから、ずっと払い続けないといけない。

内田　定員の7、8割で、離職者も多い。防衛大学を出ても任官しない、入隊したとしても3、4年で辞めちゃうとか。国防という観点から見れば、自衛隊がものすごくできの悪い組織になっていくのではないか、と危惧します。

――防衛ジャーナリストの半田滋さんが、「自衛隊を南スーダンに派兵した年や、安保法制が強行採決された年は、応募者がガクンと落ちる」とおっしゃってました。何もない平和なときは、またちょっと戻る、と。ヤバイと思ったら、みんな受けない（苦笑）。

内田　そうなるでしょうね。とにかく、早く自衛隊を健全な組織にして、給与水準も高くして、「他の企業に行くよりいいな」というくらいにしないと、本当に戦争をする気だったら（笑）、せめて定員くらいは充足させろよ、と思いますね。

――私は軍縮、定員削減した方がいいと思いますが、いきなりゼロにはできないので、たとえば3分の1は国境警備、3分の1は災害救助、残りは定年、または中途退職。具体的な任務を明確にしていけば、「では人員はこれだけ必要ですね」「武器はこんなに要りませんね」。やはり自衛隊という組織をリストラしないとダメだと考えています。

内田　自衛隊に関して、どれくらいの数が適切なのか、きちんと積算していかないとわからないと思います。災害救助でいうと、今は一番練度が高いユニットって自衛隊ですよね。いろんな災害で活躍しているわけで、災害救助隊としての自衛隊は評価が高いと思います。

その上で、国防の分野に自衛隊員がたくさん配置されるというのは、外交の失敗ですから。でも形式的にせよ「国防のための自衛隊員」は一定数、揃えておいた方がいいのではないか。ただ戦争はしません。戦争は「抜かない刀」です。

――私も軍備と外交が車の両輪だと思います。

内田　絶対使わない軍隊。

高度な民主化ブランドのもとで「台湾有事」はあり得ない

――台湾問題にしても、外交で解決すべきなのに、麻生太郎がわざわざ訪台して「戦う覚悟はあるのか」。「まず、お前が行けよ」（笑）と思います。外交の面で下手ばかり打って。ここまで緊張を高めて、偶発的な衝突などがあれば、本当に危ないなと感じます。

内田　コントロールできないんじゃないかな、偶発的な軍事衝突って。たとえば尖閣諸島の近くで起きてしまったら、日本は全然ハンドルできない。いや、ハンドルする気がない。すぐに米軍に聞いて「どうしましょうか？」。つまりアメリカから怒られるのが怖いので、常に米軍の指示を待つ。自分たちの国防戦略って、ないと思います。

――どちらかといえばアメリカは他人事。遠い台湾と沖縄の間の出来事。日本こそが自分事として考えないといけないのに。

内田　台湾有事って、まずあり得ないと思います。アメリカにとっても失う物が大きすぎます。もし中国が軍事侵攻すれば、2400万人の東アジアで最も民主化された、透明性の高い国に住んでいる人たちを、強権的な国が侵略して奪い取ろうとしている構図になります。

簡単には占領できない。一気に、3日くらいで片付いて、「親中国かいらい政権」ができて、みんながそれに従う、というのが中国のシナリオでしょうが、実際にはサボタージュやデモなどの抵抗があって、台湾を完全に統治することはできません。そうなれば国際社会が台湾に向けての支援を始める。グズグズになると中国としては泥沼。このリスクを考えると、「3日間で完全制圧して、あっという間に中国の一部になる」というシナリオで、成功するという勝算がなければ、軍事侵攻はしないと思います。

――ウクライナで、プーチンはまさにそれを狙っていて大失敗しました。台湾の世論調査、8割から9割は「現状のままでいい」。中国の一部にもなりたくないし、独立もしなくていい。人々は賢く、戦争を回避している。そして台湾は最先端の半導体技術を持っている。

内田　だからミサイルで攻撃して台湾を取る意味がなくなる。焼け野原にして半導体工場をつぶせば元も子もない。

――お互いの工業、商売が成り立たない。だから私も有事はないと思います。

内田　そうです。このあと台湾の選挙がありますが、うまく民進党と国民党が交互に政権を取って、中国ににじり寄ったり、離れてみたり。すごくデリケートなことをやっています。台湾の最大のアドバンテージは、東アジアで最大の民主化された国であるということ。国際的な評価を受けている国なので、みんな放っておけない、と世界が中国に猛反発する。

１９８７年まで戒厳令を敷いていたときのように非民主的な、独裁国家のままだったら、「独裁国家が独裁国家に侵略した、まぁ好きにしてよ」という感じでしょうが、高度に民主化されて良質なブランドイメージを持つことに、この10年間で成功しているのです。

――コロナでも成功してましたね。

内田　オードリー・タンが大活躍したのですが、今、台湾に侵略すると、立派な国を汚れた国が侵攻する、ということになる。

――まさに今のロシア。

内田　中国にとっては失うものが大きすぎる。

――それに内田さんが常々おっしゃっている「安全保障のジレンマ」があります。沖縄にミサイル基地をつくれば、中国は倍ほどの基地にする。それを見た日本は、さらに南西諸島にミサイルを、それを見た中国は……。際限なくふくらんでしまう。だから外交で話し合わないといけない。この観点で言えば、林芳正外務大臣。あの人、中国にチャンネルを持っていたのに交代させられた。外交する気はないのかな？　岸田内閣。

内田　ないんでしょう。

――でも中国とはきちんと話し合わないと、貿易相手国第1位ですし。

内田　何を考えているか、わからない。本来なら韓国や北朝鮮、中国や台湾といろんな人的交流をして、向こうにもカウンターパートをつくって、話し合うところです。カウンターパートって政治家には政治家の、官僚には官僚の、外交官は外交官の人がいて、普段からやり取りをして情報を送ったり、向こうの政策に影響を与えたりしなきゃいけないのに、隣国とチャンネルを持っている人が、役人も政治家も激減してしまった。

——アベ政治になってからアメリカ一辺倒に?

内田　やっぱりね、チャンネルをつくろうと思えば、人間的魅力が必要（笑）なんです。器量とか、度量とか。人間の大きさ。国益はもちろん、宗教も文化も違うところと確かなチャンネルをつくろうと思えば、人間の大きさが問われる。アントニオ猪木じゃないけど（笑）。

一方で、この10年間で日本の平和ブランドが劣化した

——アベスガ政権、維新に共通するのは歴史修正主義。靖国神社に参拝して、先の戦争では「日本は悪くなかった。韓国は被害者じゃない、むしろ日本の工業力で先進国にしてあげたんだ」。そんな考えのアベや維新がずっと政治を仕切ってきたから、中国も韓国もドン引きしますよね。

内田　歴史修正主義者とは話ができませんよね。アベスガ、維新の人たちがチャンネルをつくるのは絶対に無理でしょう。

——サンフランシスコ市が従軍慰安婦問題で少女像を置いたとき、吉村大阪市長（当時）は姉妹都市を解消しましたよ。最も外交をさせてはいけない人たちが外交していたわけですね。プーチンを親

しげに「ウラジーミル」と呼び、仲良く27回も会見したのに、アベは北方領土を取り戻すどころか、お金だけ取られて。政権をもう一度変えないと、安全保障上も危険だということですね？

内田　日本の安全保障を真剣に考えている人っているのかな？って気がします。

――本当の意味の安全保障は、軍事だけではなく、コロナが来たら？　大地震が起きたら？　農業をどう発展させて自給率を高めるか？などですよね。

内田　食料自給率は38％ほどでしょ。原発を並べて再稼働。戦争をしようと言ってる国が海岸に原発並べて（苦笑）何考えてんだ。

――ウクライナ取材でわかりましたが、今、ザポリージャ原発は世界一危険です。持てば持つほど危ないから、早く廃炉にしろ、っていうのが本当の安全保障ですよ。60年超えても動かすって……。

内田　台湾を見てるとね、国際世論を味方につける。あの国は立派な国なので、いわゆる善玉のブランドイメージ。これをつくるのがある意味、安全保障。ウクライナはこれで成功したんです。あれ、ロシアは盛んに「ウクライナは腐敗国家だ」と宣伝しました。ロシアも腐敗しているけど、ウクライナも同じくらい腐敗してる、どちらにも倫理的な差はないんだ、というところに持っていこうとする、ってことは「差がある」ことが安全保障上有効だ、ということ。

何とかして倫理的な価値を引き下げようとするわけで、台湾はそのブランドイメージづくりに成功している。日本も戦後ずっと「平和憲法を持つ戦争をしない国」として素晴らしいブランドイメージを持ってきたんです。これを今はずっと汚しているわけです。

——とくにアベ政権。

内田　この10年間で日本のブランドイメージが非常に劣化した。もう一度再構築しないとマズイ。

——中村哲さんがイメージを上げてくれたのに、哲さんの命日に、政府は何もしない。安倍の国葬はするけど（苦笑）。やってることが真逆。

内田　日本の国際社会の中での評価が下がり続けています。

地方自治体から始まる、教育や医療、少子化対策などの改革

——ズバリ聞きますが、衆議院の解散が遠のいているような気配ですが、いずれどこかで解散する。立憲野党の再結集ってあり得ますか？

内田　無理です（笑）。

——それぞれの小選挙区で、自民もイヤ、維新もイヤという有権者はどうしたらいいでしょう？

内田　どこも困っていると思います。

——立憲民主、泉健太代表の罪は重いのかな？

内田　明確なビジョン、何を実現したいのか、が見えてこない。

——国会で立憲民主と維新が組んだでしょ、あれでサーっと引きました。

内田　泉健太自身はとくにやりたいことがないと思います。野党第一党の党首、けっこう居心地がいい。それ以上は望んでいないのではないか？

——自民が第1、維新が第2、国民民主が第3自民党（苦笑）。みんな自民党。なので非自民の結集をしないと。個人的には「れいわと共産が組んでくれたら」と思っていますが。

内田　その2つが組むと違いが出てきますね、第3極の。そうなれば投票先ができます。立憲民主を中心とした野党の結集は、今の段階では難しいでしょう。

——またいつものように「連合」が足を引っ張りますからね。逆に「地方からの改革」ですかね、兵庫県明石市とか東京の世田谷区、杉並区とか。

内田　国政には展望がないように思うので、地方議会から。実際にコロナでハッキリわかったんです。自治体の力ってすごく強くて、県知事がどんな人か、によって、ここでは亡くなるけど、こっちでは生き残れる。生き死にに関わるくらい、実は都道府県知事には権限がある。

――吉村知事の大阪がコロナ死者数ダントツでワースト。でもテレビは持ち上げる（苦笑）。

内田 しっかりした地方自治体に住んでた人は、ハッキリと自覚してると思うんです。教育とか医療とか、国政が何か言ってきてもダイレクトには変化しないけど、地方自治体に賢い人がいれば、いろんな施策ができるということがわかった。コロナの後、僕の知り合いの何人かが地方選挙に立候補しましたよ。それでけっこう通りましたから。

――明石市長の泉房穂さんの後継者も通ってますね。そして泉さんや杉並区長の岸本さんが応援に行ったところは、けっこう勝っています。

内田 僕は兵庫県で参議院選挙に出た安田マリさんを応援してました。かなり惜しかったのです。彼女、東京の杉並に行って区議になっています。トップ当選ですよ。

――よかった。兵庫県の参議院選挙が惜しかっただけに。

内田 立憲のサポートが全然なかった。応援演説をしたのですが、党としての組織的な応援ってまったくなかった。

——大阪で出た亀石倫子さんも同じことを。

内田　僕は亀石さんの応援にも行ったんですが、驚きました。梅田のヨドバシカメラの前に集合だった。小さい車が1台あって、3人か4人で。「じゃあ始めます」。いきなりマイク渡されて。「こんなの？」という感じ。

——そういうのが立憲民主の実情。

内田　足腰が本当に弱い組織だなぁ、と。

——ここでしっかりと市民連合などが支えてね。

内田　市民連合が集まっても、その中から国会議員が出てくる、ってことはないんです。もう、そういう仕組みにすべきです。今は一般の政党の中のどこを応援するか、で議論している。しかし、既存の政党がグズグズになっていると、市民連合として、市民連合の中から候補者を出して、その人を当選させるっていう方向にシフトしないとダメなんじゃないかと思います。

——そうですね、それぞれの地域の住民がもっと主体的に選挙に取り組む。まだもう少し時間がありそうですから、議論を進めていかねばなりませんね。今日はありがとうございました。

内田　ありがとうございました。

PART.4

戦争やカジノに代わる「新しい公共」を地方から

対談

経済学者
金子 勝

※この対談は2023年8月15日と同年9月18日に行われました。

誰の目にも明らかになったアベノミクスの大失敗

――この対談のテーマは「自民、維新から日本を取り戻す」です。その前提として、まず経済の話からお聞きします。

安倍晋三、つまり「妖怪の孫」が始めたアベノミクス。岸田政権はこの路線を基本的に受け継いでいます。しかしこのアベノミクスは大失敗で、トリクルダウン（富裕層が儲かれば下々のものにその利益が落ちてくる）は起きるわけがない。これ、ほとんどの人がわかっていたのに、ずっと続けてしまいましたよね。

金子勝　事実は逆で、ほとんどの人がわかってなかったんです。挑発的な言い方になりますが、実はこの10年間、「静かなクーデター」が起きていたんです。

――えっ？　「静かなクーデター」。どういうことですか？

金子　ヒトラーの『我が闘争』を読めばわかるんですが、いろんな複雑な状況に巻き込まれてしまうと、人間は理性的に物を考えられなくなるんです。

――いわゆるショックドクトリン。ドイツは第1次世界大戦に負けて、猛烈なインフレと不況、失業状態で困窮したときに……。

金子　ヒトラーは原因を単純化して、「これをやれば一発で良くなる」という演説をする。なぜか？「大衆は愚かだから、単純なことを何度でも繰り返さないといけない」。ナチスの宣伝担当だったゲッベルスも同じことを言ってます。アベノミクスも同じです。たとえばインフレ。教科書には「賃金が上がって、需要が上がって……」。

——そして、物価が上がる、と。

金子　その場合もあるし、たとえば「石油価格などのコストが上がってインフレになる」というコストプッシュインフレもあります。ところが、アベノミクス推進論者たちは、「お金の量を増やせば物価が上がる」と単純化した。

——日銀の黒田東彦前総裁は、ずっとそんなことを言ってました。

金子　因果連関をそこで単純に切ったのはなぜか？　彼らの主張はこうです。「デフレが長く続いている。デフレを変えれば、日本経済は一発で良くなるんだ」。ではどうやってデフレを克服するのか？　「まずは日銀がお金を大量に印刷する。通貨量を100から200にすれば、今は10で売れている物が20になるじゃないか」。つまり非常に単純な言説を繰り返したわけです。個人的には、経済学者とは思っていないヤツら（苦笑）がいっぱいいいてね。

――いわゆる「リフレ派」。でも日銀がどんどん印刷したお金は、ほとんどすべて銀行の当座預金に貯まっただけでしょ？　市中には出てこなかった。

金子　そう。実際に「2年で2％」はうまくいかなかった。

――物価は2％も上がりませんでした。

金子　上がらなかったときに、日銀はマイナス金利政策を始めたんです。

――そうでしたね。

金子　2013年4月に「黒田バズーカ」という大規模な金融緩和をやりました。でも、その後2年で全然2％に届かない（笑）。なぜか？　それは彼らの理屈が間違ってるからなんですが、目標に届かないのでさらなる緩和、マイナス金利を始めた。

これ、ちょっと難しいのですが、日銀が国債を額面よりも高い価格で買い取る、ということ。たとえば100円の国債、利回りが1とすると101円。つまり国債を発行した（借金をした）政府は利息1円を払わないといけない。それを日銀が102円で買ってあげるわけ。

――日銀が損をして？

金子　政府が得をする。そうなればいくらでも財政赤字を出すことができる。

――今は「予備費」として、じゃんじゃん国債を出してますよね。

金子　マイナス金利は2016年からね。しかし、何年これを繰り返しても2%にいかない。

――物価は上昇しなかった。

インフレで庶民から搾り取ったお金を防衛費に

金子　目標達成時期の延期を9回も繰り返した。アベの支持率がどんどん落ちていくなかで、スガになった。

――はい。

金子　そしてコロナを名目に、2020年の補正予算から予算規模を膨らませ始め、2022年は補正予算を含めてなんと139兆円の予算を組んだ。

――そうでした。コロナ関連の補助金は、電通やパソナに中抜きされてましたけど。

金子　ここでまた1段、ポーンと跳ね上がったんです。このときの国債の半分は中期国債と短期国債。つまりマイナス金利なんです。つまり、政府は一切の金利を払わないで、膨大な予算を組んだ。

――Ｇｏ Ｔｏトラベル、Ｇｏ Ｔｏイート、持続化給付金など、中間業者は儲かりましたね。

金子 そう、２０２０年、21年、22年と毎年、予備費を10兆円ずつ組んで、それを余らせて「決算剰余金」にして、防衛費を出す、って話です。

――5年で43兆円の防衛費。予備費なら国民が知らない間に使えますね。

金子 国会の決議を経ないで、閣議で決めちゃえば事後報告だけでいい。日経新聞の調査によると、予備費の９割は使い道がわからない（苦笑）。

――政府のつかみ金で、お友達の業界に流して。

金子 人生ゲームで、ルール変えて、どんどんお札を刷っちゃった（笑）みたいなね。

――人生ゲーム、懐かしいな（笑）。でもこれでは最終的に国債を返せなくなる。なので国民は、今後、税でむしり取られるわけですか？

金子 いや、このままいくと破綻するんです。

――日本が？

金子 インフレをずっと続けていこう、と。今は全体の物価上昇は３％前後だけど、食料品なら９％

かな？　3～4％のインフレでいけば、毎年、政府の赤字は目減りしていくんです。同時に消費税は増税しなくても（物価が上がるので）増収するんです。その上に円安でしょ？　大手輸出企業はウハウハです。法人税収も上がるんです。

――大企業は海外事業をドル建てでやってるから、円安でものすごい収益です。このインフレがずっと続いてハイパーインフレにでもなれば、政府の借金は飛んでいくということですね？

金子　ハイパーインフレになるかどうかはすぐにはわかりませんが、いまの段階では、金融緩和を続けてインフレ状態にして、43兆円の防衛費を捻出しようということです。

――経済学でいう「悪いインフレ」ですよね。国民の預貯金だけが目減りしていく。

金子　もっと悪いのは、金融緩和して大規模予算を組んでいるだけではなくて、さっきの予備費を余らせたのが3・5兆円あるんです。その上に歳出改革を3兆円やると言ってるんですが、たとえば、エネルギー補助金やガソリンの補助金を削ったりして。

――1リッター190円近くまで上がってますよ。電気代も上がってるので、高齢者が電気代を気にしてクーラーを付けずに熱中症で死亡。そんな事件が続発しました。

金子　そう。で、これを要求しているのが経済財政諮問会議の民間委員たち。「歳出改革しなさい、エネルギー補助金を削りなさい」と、生活関連予算をバッサリ削った。インフレ、物価高でみんな生活が大変なのに、このタイミングでエネルギー補助金をカットした。結果、ガソリンはリッター185円になっちゃった。このままなら190円、200円と上がっていきますよ。

——エネルギーが物価の基本ですからね。トラックで物を運ぶのも、工場の機械を動かすのもエネルギーがないとアカンから。その上に日本はインフレだけ進んで賃金は上がらない。

金子 生活は苦しくなる。ここで搾り取ったお金が防衛費にいく。

——最悪ですね。

金子 最悪の選択なんだけど、今のメディアはきちんと分析をしないんです。わかってても、そんなことを言わないんです。

官僚とメディアに圧力をかける「静かなクーデター」

——メディアの話が出ました。アベ政権になってから報道の自由度が11位から71位へ。悪政を続けるために、やはり「メディアを抑えておこう」と。ヒトラーと同じことをしている。

金子 さっきの話につながるんですが、いわゆる「静かなクーデター」が起きてきた。とくにテレビの言説が単純化するのはなぜか？　昔だったら「そんな単純なものではないよ」とツッコミが入るわけですよ。そうなるとマズイわけです、彼らにとっては。理屈がないから。

――公務員をリストラしたらすべて解決だ！とかね。

金子　２０１４年に集団的自衛権の解釈変更、閣議決定で決めたでしょ。あの直前、２０１３年から２０１５年にかけて、１つは官僚を手なずけておく。もう1つはメディアなんです。官僚は内閣人事局で押さえつけられました。アベ内閣がなぜ「静かなクーデター」だったか？　それは内閣人事局の真ん中に杉田和博がいたから。

――警察官僚の。

金子　サリン事件のときに公安警察課長だった。

――前川喜平さんに圧力かけた人でした。

金子　そのほかに内閣情報局の局長をやって、その後経済安全保障の局長になった北村滋。

――この人も警察官僚。

金子　外事警察、つまりスパイ部門。この人も公安出身です。

――両方とも公安か（泣）。映画「新聞記者」にそんな人物が登場してました。

金子　約600人といわれる霞が関の部長、局長クラスを人事するために、2千人の課長クラスをずっと査定してるんです。前川喜平さんの場合では、ガールズバーの問題を暴露してね。

――少女たちがどんな生活をしているのか、社会見学だったのに。

金子　前川さんはそんな現場を見にいっただけ。で、彼は杉田和博に注意されるんです。これは恒常的に尾行しているか、あるいはGPSで追及したか、Nシステムで追跡しているか（苦笑）。

――尾行してたんでしょうね。

金子　その可能性が大きいけど、尾行や追跡の証拠はない。でも官僚たちは「そんなことが行われているのか」と思わされる。

――恐ろしい話です。

金子　それだけでもビビるじゃないですか。

――前川さんは私の主宰する「路上のラジオ」で、「杉田さんに呼ばれてね、『君はガールズバーに行ってるのかね。それはどんな所かね？』と言われて『はい、そうです』と答えたら『それはやめた方がいいよ』と当時のことを語ってくださいました。前川さんも人がいいから、忠告だと思っていたらしいです、親切な（笑）。

金子　監視されている、ということが前川さんの件で、官僚たちにわかってくる。もう1つ言うと、杉田和博の親玉は菅義偉です。

――スガーリンとスギターリン（笑）。

金子　スガの子分は杉田と、補佐官の和泉。

――コネクティングルームで有名な和泉洋人。

金子　発展途上国などでクーデターが起きるときは、まず放送局を抑えて、中央銀行を抑えるんです。貨幣発行権を。その後で官僚、軍隊と続き、そしてメディアの粛清が始まるんです。

――たいていは、まずテレビ局を占領して「国営放送」を流しますね。

金子　最終的に大学とか、知識人を抑える。どんどん反対者を処罰していくんです。

――ものが言えない社会に。

金子　杉田はスガ政権になって日本学術会議の推薦名簿を拒否したわけです。

――6名の識者を落としました。

金子 あの名簿、彼がつくったんです。まさにヒトラー体制と同じ。アベ政権の真ん中は政務秘書官の今井尚哉。彼は経産省で出世し損ねた、資源エネルギー庁の次長で。血筋としては叔父が経団連の会長。原子力ムラのボスなんです。原子力ムラは、たとえば司法で言えば、福島県知事だった佐藤栄佐久。収賄ゼロで有罪にされっちゃった。

――冤罪事件でした。佐藤元知事はプルサーマルに反対してましたから。

金子 今もそうでしょ、司法が悪い、特に大阪が。

――裁判しても維新がことごとく勝ちます。

金子 森友問題で赤木雅子さんの裁判もそうだし、村木厚子さんの事件もあった。

――フロッピーを改ざんした、大阪地検。改ざんが明らかになってなければ、村木さんも冤罪になるところ。危なかった。

金子 あれも大阪地検の特捜でしょ。アベはプーチンに「ウラジーミル、君と未来を共有する」（笑）なんて言ったけど、言うだけじゃなく、実際にプーチン体制のようなものをつくろうとしていた。

――27回も会ってね。

金子　きっと後で振り返ってみて、「何でこんなアベノミクスというバカな理論に10年以上も振り回されていたんだ。日銀は金融政策を動かせない、インフレになっても何の手も打てない。気がついたらアベが後年度負担でどんどん武器を爆買いしてた……」と。つまりアベノミクスは大失敗の経済政策なんです。

「台湾有事」をあおって、アメリカの兵器を爆買い

――武器の爆買いについては、２０１７年にトランプとゴルフして決めてしまった。イージスアショアにＦ３５、護衛艦の空母化にオスプレイ……。

金子　その前から買わされていた。後年度負担、たとえば5年ローンで買う。最初は頭金で少ないんだけど、だんだん膨れ上がってくる。

――それもＦＭＳ、つまりメーカーから直接買わず、間にアメリカ政府が入って、政府の言い値で買う。見積もりは何度も変えてくるので、武器の値段がどんどん吊り上げられてしまう。

金子　（アメリカ兵器の爆買いは）２０１３年は3兆円強だったのが、２０２２年に５・９兆円だから、ほぼ倍になっている。

——逆に言うと、自衛隊員の給与や福利厚生は押さえつけておいて、アメリカの武器ばかり買っていた？

金子　そう、実は日本の防衛産業も苦しくなっていた。アメリカ製を爆買いしたために、日本の企業には5年では払えなくなって、「10年ローンにします」。それで横河電機とか、いろんな企業が「やってられない」とやめちゃった。

——大阪万博の建設業界と同じ。「やってられへん、やめるわ」（笑）って。

金子　だから防衛費を2倍に、ＧＤＰの２％に引き上げます、っていう政策になった。でも、危機をあおりたてないと、防衛費を吊り上げられない。台湾有事なんて後付けなんです。

——トランプとゴルフして決めてしまっているから、ＧＤＰ２％まで引き上げざるを得ない。ローンを払わないとアカンから。

金子　アメリカは「台湾を守る」と言ったり、「1つの中国を認める」と言ったり、揺れているような言動を繰り返します。

——危機をあおって武器は売るけれど、実際にコトを構えるのはやめておこう、と。

金子　そんな感じ。だけど麻生が台湾に行って「戦う覚悟はある」。むしろ、日本側が異様に前のめりなんです。

――ボンボン二世、三世の苦労知らず。「戦う覚悟がある」のなら、お前が行け（笑）。

金子　10年かけた「静かなクーデター」で、いくとこまでいってんだな、と感じます。武器を買うには、国債をどんどん発行するしかないわけです。プーチンには石油、ガスなど化石燃料の収入があるけど、日本にはない。こんな形でアベノミクスが正当化されてきたんです。

圧力のもと、次々と降ろされていったコメンテーターたち

――危機をあおって、ちょっとした小競り合いをさせて、「武器をもっと買わせてやれ」と考えている人たちがいる。

金子　いる可能性があります。

――メチャメチャ危ないゲームをしている？

金子　危ないです。尖閣諸島で挑発したり、何をしでかすかわからない。中国も威丈高な発言をするので、みんな「えーっ」って思ってるかもしれないけど、実は日本側が一番危ないよ、ってことです。

もう一つはメディア。2014年から2015年に放送法の解釈変更がありました。圧力を加えてね。それでいろんなコメンテーターが降りてったわけです。

——はい、金子さんも（笑）。

金子 そう（笑）。

——古賀茂明さん、香山リカさん、少し遅れて佐高信さんとか……。

金子 みんな降ろされちゃった。あのとき、1つの番組のなかでも中立・公平でないといけない、と言い出して。

——礒崎陽輔首相補佐官がテレビ局に怒鳴り込みにいって。

金子 私がクビになった後、イラク戦争を支持して自衛隊を送った岡本行夫が代わりに入った。

——TBSのサンデーモーニングでね。

金子 でもあのときは「番組を守ろう」と、一生懸命に頑張った番組スタッフたちがいるから、大騒ぎにはなったけど、潰されはしなかった。他の番組は次々と、田崎史郎みたいなヤツばっかりが出る番組になっちゃった。

――スシローね（笑）。

金子　真面目にやってる人たちは必死になって持ちこたえようとした。だから、必ずしも非難するわけではないのですが、NHKなんか酷かったですよ。

――アベ友の岩田明子が出ずっぱりで。

金子　ある番組で、私が出演して、録画も撮ってたんですが、3日前に「放送中止です」。

――理由は何ですか?

金子　何でと言われても……。

――金子さんだから

金子　まぁそうでしょう（苦笑）。ディレクターの人がかわいそうでした。

――番組つくるのって大変な作業、労力です。でき上がっているのに、放送しない、とは……。

金子　中止になった番組は、「アベノミクスのせいで不動産がどんどん高騰している。金融緩和をやって格差がどんどん拡大している」。そんな内容だった。

――まさに現状はそうじゃないですか。

金子　でもアウト、お蔵入り（笑）。

――年金積立金管理運用行政法人（ＧＰＩＦ）で株を買う、リート（不動産投資）を買う。日銀もＥＴＦ（上場投資信託）を買う。そりゃ上がりますよ、マンションも株も。

金子　テレビで言えばね、放送法の電波停止発言が大きかった。２０１６年2月、高市早苗が言ったわけ。あのとき総務大臣だった。

――はい。

金子　スガは官房長官以外に総務大臣をやっていた。で、総務大臣は電波利権なんです。息子の問題があったでしょ。

――衛星放送事業の東北新社にロン毛の息子が就職していて、総務官僚を接待攻勢。

金子　たとえばＮＨＫクローズアップ現代の国谷裕子さんがインタビューで、集団的自衛権についてスガに突っ込んだときに、スガが怒って国谷さんはクビになっちゃった。

――中村格（前警察庁長官）のような人が、怒って電話かけてくる。テレビ局に。

金子　圧力かけてくる多くが、警察がらみ。伊藤詩織さんの事件のもみ消しとかも、そう。だから我々が住んでる国は、すでに10年間の「静かなクーデター」のなかで生きているんだ、という感覚を持たないとダメなんだろうと思います。

——北朝鮮、ミャンマー、シリア。こういう国を「民主主義がない」と非難していますが、似たような状況である、と。

金子　アフガンやイラクなど、西谷さんが駆けずり回っている地域で起きているようなことが起きている。つまり日本はもう先進国ではないんだ、ということです。

——プーチンの国営放送しか見ていないロシア人は、いまだに「ウクライナが先に侵略した」って思ってますからね。

金子　そう。この状態では経済政策がうまくいかないわけです。プーチンもGDP11位でしょ、かつてのソ連に比べてはるかに順位を落としてしまって。とにかく石油など化石燃料の収入でミサイル開発だけはやってるわけです。たとえば、ウクライナのゼレンスキーがロシアを攻めるって無理ですよね？

——はい。自国の防衛で精一杯です。

金子　ロシアは毎年、巨額の予算をかけてミサイルをつくっています。日本はそういう国家を目指しているんだ、ってことです。それをみんな、自覚していない。

――今回のウクライナ戦争で、ロッキード・マーティン、ボーイングなどの株が急騰。アメリカの軍需産業からすれば、笑いが止まらない。

30年間で見る影もなく衰退していった日本の産業

――アメリカは台湾有事でも、日本の自衛隊を戦わせようとしています。ちょうどウクライナ兵士がアメリカ製の武器で戦っているように。

金子　この対談の冒頭で、破綻したアベノミクス、トリクルダウンも起きないのに、なんでこんなのが続いているんだ、って聞きましたよね。それはこの10年間で「静かなクーデター」が起きているんだ、って理解すれば、愚かな政策、愚かな発言を繰り返す二世、三世の政治家でも、活歩できた、ってことも納得できるはずです。これは結構重たい事実なんです。

――じわじわと、長い時間をかけてやられてきたことが、一番解決しづらい。10年やられたってことは、解決させるにも10年かかるってことですから。

金子　政治体制もダメだけど、経済体制も、持たなくなっている。

――「今だけ、金だけ、自分だけ」の人々は、「それでも株が上がって、儲かってるからええやないか」と言います。でもバブルの頃の株高と今の株高。基本的には性格が違いますよね？

金子　全然違います。30年前は「ジャパン・アズ・ナンバーワン」で、どんどん成長してたんです。

――実体経済、モノづくりもうまくいってましたよね。

金子　新しい製品もどんどん日本でつくっていました。

――世界、どこへ行ってもソニー、パナソニックだらけでした。

金子　今は、それがどんどん衰えています。今の先端産業は情報通信、医薬品、再生エネルギー、蓄電池、自動運転と電気自動車。みんなダメになっている。

――はい、太陽光パネルも半導体も。

金子　2022年度の貿易赤字は21・7兆円。

――そんなに赤字になっている。

金子　今年（２０２３年）前半、１～６月だけでも６～７兆円の赤字。

――日本といえば貿易黒字で有名だった、ずっと。

金子　加工貿易っていう言葉どおり、日本の優秀な工業力、技術力で売れる製品をつくり、外貨を稼いで原材料や食料をいくらでも買える。

――だから発展して豊かになった。

金子　これがまったくダメになっている。今はなんとか海外に投資している収益でカバーしているのですが、どんどん先端技術が衰えてくると、進出した企業もダメになっていく。たとえば、電気自動車がバーッと売れて、トヨタ、ホンダは追いつけないんじゃないか、と危惧されてます。中国最大手の電気自動車メーカーＢＹＤなどが猛追してます。

――テスラとＢＹＤの独占になりそうな勢い。

金子　そうなると自動車関連の部品産業なども、いらなくなっちゃう。

――自動車は裾野が広いから。下請け、孫請けがダメになっていく。

金子　それに日本の金融機関は海外で稼ぐ力がないので、地方銀行は結構、海外の債券を買っています、国内では投資先がないから。ところが海外債券も猛烈に値段が下がっていく。

――危ないですね。

金子　昨年9月末時点で地銀が抱える国内債、外債、信託で2・3兆円の含み損が出ている。

――地銀が潰れていく時代に。

金子　そうです。海外で稼げないとなると、たとえば今、中国が苦しいじゃないですか、バブルが弾けそうで。

――はい、巨大不動産会社が倒産してます。

金子　欧米も中国も経済が崩壊したら、あっという間に日本の経常収支（貿易＋投資収支）も赤字になる。経常収支が赤字になると、日本の国内資金で国債を買えなくなっちゃうんです。

――ギリシャみたいに？

金子　そう。外国人投資家に買ってもらわないとダメになる。

――その投資家が国債を売ったら、日本は破産しますね。

金子　それほど実体経済が悪いのに、今も株価が3万3千円。

――無理やり吊り上げてるわけでしょ、日銀が。

金子　日銀が円安をもたらしていますが、海外投資家から見ると、日本の株や不動産は割安なので買いあさっています。これがボカーンと弾けたら金融機関も厳しくなります。それだけじゃなくたぶん、日銀自身がアウトになります。

戦略なく、ひたすら内部留保をためるだけの経営者たち

――日本銀行が倒産するって想像できません。

金子　実質的には倒産しないんだけど、たとえば金利が1％になれば日銀が保有する国債は値段が下がります。

――金利が上がれば、国債が下がるという関係ですからね。

金子　今、それほど問題にならないのは、株価が猛烈に上がっているから。日銀はＥＴＦ（上場投資信託）を大量に買っています。

――上場投資信託を買う。つまり日銀が間接的に株を買っているということですね。

金子 だから帳簿上は大丈夫なんです。

――でもその株が、ドーンと下がれば？

金子 日銀が債務超過になります。

――日銀の信用が暴落、そうなれば日本銀行券、私たちの通貨、円はどうなるんですか？

金子 信用されなくなります。でもすぐには倒産しません。日銀が国債も株も永遠に売れなくなるだけなんです。ずーっと持ち続けないといけない。

――逆に日銀が売れば、株は急落します。だからマーケットでは事実上、売れませんね。

金子 金融政策の自由がまったくなくなっています。

――日本だけが金利を上げられない。アメリカが上げたら、さらに円安に？

金子 そう。

――そうなればさらに輸入物価が高騰して、日本人の生活がさらに困窮します。

金子　こんな状況なのに、防衛費だけＧＤＰ２％超えちゃうんです。これを増税しないでやろうとしています、特に安倍派が。つまり国債でやる。日銀が買い支えない限り、持たない。

――戦時国債を買いましょう。「欲しがりません、勝つまでは」の世界。戦前と同じことに。

金子　そう。でもこれはすぐには起きないから、「大丈夫だ、大丈夫だ」って言ってて福島原発事故を起こしたのと同じです。

――すぐには起きないけど、いつかは起きる。

金子　はい。今までの日本人は、そういうことを避けようとしてきた。たとえば70年代のオイルショックのときに貿易赤字になった。みんな必死に働いて黒字を復活させたんです。でもこれは労働者の賃金引き下げ、長時間労働につながっていく。我慢してでもとにかくやりましょう、と。戦後の苦しい状態を生きてきた記憶のある人は、立て直しに必死だった。

ところが今は、ボワーッとして、アベノミクスでお金をばら撒いてれば、みんな欲しいのは「愛と金だ」（笑）。みんな茹でガエルになってね。

日本の経営陣も同じです。ふつうは最悪のリスクを避けようとする。これをしたら倒産する、倒産しないためには、最低限これをして、その上でどうやれば儲かるのか、を考える。この当たり前の思考がなくなっている。ひたすら内部留保をためるだけです。非常に危ない。「大丈夫だよ」って入っていくと、たいていアウトになる。

――昔はネジ工場、自動車工場、農業など、額に汗して働くことが常識でしたが、今の小学生に何になりたいか?を聞けば、1位がユーチューバー（苦笑）。昔はプロ野球選手など、つまり実体のあるものでした。一方、大学生はというと、非正規雇用のしんどい仕事は嫌なので、闇バイトに手を出すとか、もう社会が壊れてきているのでは、と思います。

金子　特定の会社の名前出すのは嫌だけど……。

――大丈夫です。この対談はタブーなしですから。

金子　ビズリーチっていう会社のCM、「乗り遅れるな、乗り遅れるな」と転職を進める。あれ、脅迫的なCMだよね。というのは岸田首相が「構造的賃上げ」、伸びている産業に移っていけ、って言い始めました。会社が人を育てない、互いに信用しない、みなが協力して能力を高めていくことはしない……。普通の人々が感覚マヒになっていて、ちょっと危険だな、と思います。でもこれは1997年の金融危機以降、つくられてきた体制なんです。

賃上げも設備投資もしない、株価中心の経営に

――さっきの、10年に及ぶ「静かなクーデター」とあわせると、経済的には日本は「失われた30年」ですからね。

金子　１９９１年のバブル崩壊、金融危機のときに、本当は公的資金を入れて、しっかり経営責任を追及し、責任者をクビにして、きちんと不良債権を処理しなければいけなかった。これを曖昧にして、財政金融で持たせようとした。銀行は全然儲けないまま、財政金融、低金利で救っていったので、長期にわたって経済が低迷したんです。このときの、経営責任を問わなかった筆頭が、竹中平蔵です。彼は１９９９年に公的資金を入れるとき、３年間、経営者の責任を棚上げ、刑事罰を問われないようにした。その後は木村剛。懐かしいけど。

――あー、いましたね。捕まったけど。

金子　彼が厳格な査定とか、やってるフリはしてたけど、全員生き延びちゃったわけです。

――木村は竹中の子分だった?

金子　途中まではそうでもなかったですがね。銀行が欲しかったから。だから原因をすり替えたんですね。たとえば、スウェーデンやフィンランドは、金融危機の際には全部、銀行を国有化します。不

良債権を切り分けて、その後に再民営化した。それでV字回復したんです。

――スウェーデンやフィンランドは、けじめをつけている。日本は下手ですね。けじめつけるの。

金子　ズルズル、ズルズル。原発事故もマイナ保険証もそう。誰も責任を取らない。

――岸田はまだ原発を再稼働させる、と。

金子　けじめをつけないまま、この状態でグローバリゼーションにした。「日本の護送船団方式がダメだった」。ではどうする？　「国際会計基準を入れよう」

――自己資本比率を8％にしろ、とか？

金子　それは銀行の話で、企業には時価会計。企業が持っている株や不動産を時価評価にしましょう、と。

――それで、とにかく株価を上げろ。人件費を下げたら株価が上がるので、リストラに走った。

金子　企業を売買の対象にしましょうということです。つまりM＆Aを簡単にできるようにしましょう、と。こうなれば会計基準は、自社株の価値を評価するようになります。それで、フリーキャッシュフローといって現金を持っていると株価が上がる、配当を上げると株価が上がる、自社株買いといって市場に出回っている株を買うと株価が上がる。これを動機づけるために、経営者はストックオプションをやる。

――報酬を自社株でもらう、ってやつですね。

金子　株価中心の経営に変わった。

――つまり賃上げより株価。

金子　賃上げもしないし、設備投資もしなくなった。

――学校の先生、保育士、介護福祉士、農業などエッセンシャルな仕事、社会に必要な仕事をする人たちが低賃金で、株を動かしてるヤツらが高額所得者になった。

金子　そう、その根本が１９９７年の派遣労働法の改正。金融危機のときに、派遣労働を全面自由化しちゃった。

――竹中平蔵、オリックスの宮内義彦。

金子　そのほかにＣＯＣＯＡの開発に失敗したパーソルとか。特に大阪は人件費を猛烈に削ったでしょ。

――市役所の公務員を減らして、窓口が回らなくなり、職員はみんなパソナになった。

金子　竹中平蔵が会長だったときのパソナだらけ。人材派遣業が急成長した。たとえばコロナの給付金をピンハネするとか。

――水増し請求してね。

金子　労働者を大事にしなくなった。

――その後小泉・竹中改革からアベ政治に。大阪では維新政治。モラルなしの弱肉強食。

金子　構造的賃上げと言ってますが、円安で潤っている大企業は4％近い賃上げをしています。でも中小企業は2％そこそこ。さらに非正規雇用は最低賃金が千円を超えても、ＯＥＣＤの最低賃金の伸びの3分の1以下という低賃金。

――1000円を1010円にしてもらって、うれしいか、って話です。

金子　賃金格差が猛烈に拡大して、その上の金融緩和なので資産を持っている者と持っていない者の格差もすごいんです。大阪の多くの人が、なんで維新に騙されるのか、よくわからない。

――私も大阪に住んでいながら、わからない（笑）。

金子　都心一等地のタワマンに住んでいる人たちが支持するのはわかるけど、そうではない人たちが、なんで維新を支持するのか？　やはりメディアの影響かな。

――在阪メディア、吉本興業の責任は大きいと思います。それと危機感みたいなもの。小さいときから「勉強しなさい、いい大学に入りなさい。大企業に就職しなさい」。で、競争を勝ち抜いて部長になった。なんで俺の稼いだ金が税金で取られた上に、公務員や生活保護受給者に行くのか？　維新支持者の中には「お前ら自己責任でなんとかしろ」みたいな感覚はあると思います。

金子　新自由主義って格差が拡大するのですが、なぜこれが採用されるかというと、実は産業戦略がないから。市場に任せれば企業が雨後の筍のように現れて、伸びていく。でもそんなの起きるはずがない。価格が市場を調整するってのはある程度正しいけど、市場に任せればいきなり企業や産業が育つわけがない。

――たとえば大学の基礎研究にもっと予算をつけて、みんながしっかり学べて、新しい産業が現れるのを待つ。その間、食料もエネルギーも地産地消で、地域が自立できるようにする。そんな余裕がないとダメですね。

金子　グローバル競争を前提にして、かつ、労働者を育成しない。これが１９９７年以降の日本だったけど、大阪はそれに輪をかけて、すでに失敗している新自由主義に乗っかり出したんです。結果として人材を浪費しているのです。

雨ガッパとイソジンに騙されてはいけない

――万博とカジノは巨大な浪費です。

金子　お祭りにしがみつくのは、産業が育っていないから。では（万博進める）経産省がなんでしがみつくのかというと、自分たちの産業政策がことごとく失敗したから。失敗しても「市場のせいなんだ」と言い訳できます。大阪にとって致命的なのは、家電のパナソニック、シャープ、サンヨー、医薬品の武田薬品、田辺製薬などが出ていったこと。大阪は電機産業と医薬品のメッカだったが、みな東京に本社が移転した。これらの産業をダメにして、ただ公共を叩くだけ。頭がないんだ。

――はい、雨ガッパとイソジン（笑）ですから。

金子　だから本社は東京に行く、コストカットで中国にも。維新は経済では大失敗してるんです。データではっきりと言えます。生活保護率日本一、人口は減少していて、府民所得は全国平均を下回って、名古屋に抜かれて今は11位。これは本社がどんどん逃げてるから。それでイベント資本主義に走る。ナチスはベルリンオリンピックで国威発揚。盛り上げればなんとかなるってね。

――似てますね。

金子 これは公務員を削るだけではなく、頭脳や経験を育ててないから、夢洲という軟弱地盤で開催、建設費は膨らむ。「身を切る改革」と真逆じゃないか。すると橋下徹は「これは投資なんだ」という。バカ言うな。軟弱地盤に一過性の建物、終われば壊しちゃうのに。何が投資なんだ、ただの祭りじゃないか。平気でウソを言う。

それでこの状況を克服するには、単に政党の組み合わせを考えているだけではダメで、どうやったら経済の立て直しができるのか、産業をどうやって育てていくのか、しっかりとしたビジョンをつくっていかないと、状況を変えることはできないのでは、と思います。

――話を伺っていて痛切に感じるのが安全保障。政府は武器を買って、基地をつくっています。でもコロナで明らかになったのは、「食糧がなければ、病院がなければ」命は守れない。本当の安全保障は、農業と医療、保健衛生ですよね。これが大阪は全然ダメ。

金子 だって、市立住吉市民病院を潰したんでしょ？　保健所はリストラ。コロナの人口当たりの死亡率は日本一ですよね。

――はい、ダントツでワースト。

金子 公務員を削ってるから、その数も把握できない。大阪は死の街ですよ。

――たとえば、コロナの時短協力金も大阪は遅かった。配る職員が2、3人。居酒屋さんがバタバタ倒れていく中で、パソナに業務を丸投げ。みんなパソナが持っていく（苦笑）。

金子　単純化されたメッセージに騙されないこと。本当はどうしたらいいのか、少しずつ積み重ねて発言をしていく。これが大事なのかな。

――「満州事変は中国のしわざ」、「朝鮮人が井戸に毒を投げ入れた」。最近では「原発は壊れません」。堂々としたウソで、騙されてきた歴史があるので、今度こそは騙されないぞ、という声をこのラジオでも広げていかないと。

金子　ある意味、大阪の人は、人が良いんだと思います（笑）。大阪ワクチンできると言ったり、イソジンでうがいすれば治ると言った吉村知事がまだ人気。大阪の人は人が良いなぁ、と。

――騙された人にも責任がありますから。

三代目、四代目の世襲議員が日本をダメにする

――さて、ここからは政治の話に移りましょう。まずは先日9月13日に行われた岸田政権の内閣改造、どんなふうに見ていますか？

金子　今回の内閣改造はまったく効果がなくて、支持率が上がらない。毎日新聞の世論調査では、支持率25％。逆に不支持率は68％で約7割。しかも、おまけが付いていて、「岸田さんはいつ辞めたらいいと思いますか？」の問いに、「早く辞めなければダメ」が51％（笑）、「総裁選挙までに」を含めると75％が辞任を求めている。とんでもない事態です。

――国民感覚、まともですね。はよ辞めてほしいわ。

金子　アベ、スガに続くのが岸田。「三代目が身上を潰す」の典型です。何もないんです、中身が。ライバルを潰す、ってことだけ。それが世襲議員の宿命なんでしょう。パワハラ体質が暴露された茂木敏充、放送法の問題でドタバタして、奈良でもひどいことになっている高市早苗、マイナ保険証問題でボロボロな河野太郎などをあえて留任させてイメージダウンを狙い、次の総裁選に出られないようにする、というね。

――ライバルを叩き落とす、という意味では林芳正前外務大臣。以前は「自分の後継者だ」って言ってたのに、逆にこっちは留任させず飛ばしてしまった。岸田派ナンバー2も蹴落としているわけですよね。

金子　そう。だってアベもそうだったでしょ、三代目って、自分ファースト。安倍派の中でも後継者を育てこなかった。結果的に今、安倍派はグチャグチャに（笑）。

――ずっとトップが決まっていませんからね。

金子　林に関しても、岸田がヨレヨレしたら、「後継者は林だ」とバーっと上がってきちゃう。今は「安倍派とのバランスを取らなきゃいけない」という名目で、林を更迭。地元の山口県では林派は安倍派と対立してるし、林は中国とある程度のパイプがある。安倍派は中国叩きの議員が多いから、「林を閣僚にとどめると安倍派に抵抗される」という名目で、実は自分の後継者を引きずり下ろしているんですよ。何かもう、潰れそうな三代目の会社の、典型的なパターン（笑）。

――岸田だけじゃなくてみんな三代目。麻生も河野も、進次郎なんか四代目（笑）。

金子　こんな人物を選んでしまっている日本。特に地方の選挙区で、東京生まれの三代目、四代目を選んでいること自体が間違い。まぁさすがに山口県でも岸の四代目、岸信千世に対しては若干の拒否反応が出て、先日の補欠選挙では野党に迫られてましたが。つまり、この方式で政治家が決まっていくと、政策的には全然ダメになります。老舗の企業でも目を覚まさせるために、三代目には養子の優秀なヤツを入れたりしますよ（笑）。何か手を打つわけです、株式を公開するとか。

失敗の責任を誰もとらない日本の政治、日本の社会

――でも養子というか、娘の婿もダメですよ（笑）。加藤勝信（義父は加藤六月）に西村康稔（義

父は吹田愰）。

金子　そう。で、国民無視の政策が、一向に変わらないわけです。とにかくライバルを潰すこと以外は考えていないので、どんどん酷くなっちゃう。結果的にはライバルはいなくなったけど、数だけ多い安倍派を納得させなくちゃいけない。そうなると表に出られない旧統一教会系の萩生田光一を政調会長にして、妻の元夫の死亡に関して疑惑が出てる……。

――木原誠二官房副長官ですね。

金子　彼を辞めさせて、副幹事長という自民党の党務につけて、表に出ないですむようにしながら、アベノミクスを基本的に引き継いでいく。ところが新聞がだんだんダメになって、まともに批判しない。テレビはもともと論外で、せいぜい「財政赤字が大きいのが問題だ」くらいしか言わない。

先ほども言いましたが、このままいくと武器を爆買いするためにどんどん赤字国債を出して、戦前と同じ状況になります。そうなっても誰も責任を取らない。銀行の不良債権問題では40数兆円の公的資金を入れても、責任者は逃げのびる。原発事故でも。

――東電の責任者は誰も捕まらない。

金子　捕まらないどころか、全員無罪。マイナ保険証では、富士通やＮＥＣのトップが責任とって辞めたのか？　誰も辞めていない。デジタル大臣も首相も、マイナ保険証をまだ「正しいんだ、やるんだ」と言い続けている。

――東京オリンピックでも、あれだけの不祥事が出たのに責任者の森喜朗は捕まっていません。

金子　つまり経済的には敗戦なんです。負けてるんですよ、中国に。しかし、「本当は負けている」のに、このことを正当化するロジックは2つあるんです。1つは新自由主義。もう1つが歴史修正主義。この2つが合体して合わせ技になっているのが、日本の保守のイデオロギーなんです。

――安倍晋三と橋下徹が合体したような感じ。

金子　そう。両方とも仲良かったでしょ。シンクロしてる。新自由主義は「市場に任せろ」ということですが、そうすると大阪が典型的ですが、どんどん非正規だらけになっていく。

実は経産省も新自由主義で、みんな市場のせいにしてる。自分たちの産業政策が失敗してるのに、その責任を取らない。規制緩和をずっとやってきたわけです。国家戦略特区だとか、構造改革特区だとか言ってね。でも「国家戦略特区や構造改革特区で画期的な新しい産業が生まれました」って、聞いたことあります？

――ありません。ちなみに加計学園が獣医学部を開設できたのは、特区だから（笑）。

金子　でしょ（苦笑）。市場に任せるっていうのは、ある程度、価格競争がある場合ですよ。むしろ今は、石油元売業界をエネオス、出光、コスモ3社の寡占状態にしたことが、市場競争を弱めている。もっと競争させる政策をやったほうがいいのに、やらないんです。

つまり、経産省は長期的な戦略を持っていない。彼らは「市場に任せれば、新しい産業が雨後の筍のように出てくる」って言いますが、それは単なる願望、イデオロギーであって、現実はそうならない。たとえば、サッカーの森保ジャパンが戦略もなしに、選手たちに「自由競争でやれ」と言っても、うまくいくはずがないでしょ？（笑）

同時に歴史修正主義は、「戦争は悪くなかった」「まだ負けたわけではない」という価値観ですね。たとえば、原発政策はすでに敗戦状態、東電の廃炉計画なんて完全に破綻しています。かつて「ミッドウエー海戦は負けていない」「戦艦大和は沈んでいるのに、まだ沈んでいない」。最後は「みんな竹槍で一生懸命戦え！」と。

——大和魂で勝て！と。

金子　原発汚染水って呼ぶとね、言葉狩りで、「こいつは国賊だ」（苦笑）のような空気でしょ。「処理水」と呼ばなければいけない。「中国がけしからん」と。でも、中国や韓国が同じことをしたら、安倍支持者や維新の連中は許すのか？　許さないよ、彼らは。歴史修正主義とは「戦争責任を回避する」という考え方なので、不良債権問題、マイナ問題、原発問題……、あらゆる問題の責任を取らない、正当化するロジックなんです。

無策を続ければ、大阪は夢洲とともに沈んでいく

――かつての日本は太陽光パネルでトップを走っていました。でも原発を推進するために、太陽光パネルをなおざりにして、中国に負けちゃった。半導体も台湾に抜かれ、電気自動車でも遅れをとっている。これは国の産業政策、経済産業省が下手ばかり打っているから、日本の「ものづくり力」が著しく低下した、ということですね。

金子　それに加えて維新。大阪が拠点だった電機産業、製薬産業の分野で、まったく政策がない、というか理解していないから、極端に衰退してしまった。真面目に政策を勉強している人が維新には1人もいないから。

――吉村が「大阪ワクチンができますよ」。〝できるできる詐欺〟をして株価だけ上げました（笑）。

金子　イソジンもあったね（笑）。知識がないし、あまりにも劣化している。2008年のリーマンショックの頃に、半導体や太陽光パネルなどが、全部ダメになっていくときにね、大阪は間違って新自由主義の橋下を選んじゃったんだ。

――そうです。橋下が知事になったのが2008年。

金子　当時は自民党がダメだった。「大阪の財政はボロボロだから、新自由主義でいきましょう」と

いう維新に、みんな乗っかっちゃったんだ。だから全国に比べて、大阪の産業がより一層悲惨なことになった。家電メーカー、製薬会社の本社は、ほとんど全部東京に行ってしまった。研究所もどんどん閉じてね。残ってるのはシオノギくらいかな。で、シオノギが持っているのがイソジンなんだ。

――そう。吉村が「イソジンでうがいすると治ります」って会見した直後に、シオノギの株価は上がりました。

金子 アンジェス（大阪ワクチン）も詐欺みたいな形でね。安倍元首相との関係が深く、大阪ではアンジェスでワクチン詐欺をしてきた森下竜一が、いまや大阪万博の大阪パビリオンのプロデューサーです。で、この有ようです。

――まさに詐欺ですわ。

金子 本当の意味での産業政策がないから、結局は「お祭り資本主義」になる。大阪万博、カジノで西谷さんが追及しているように、起爆剤と言いながら、イベント資本主義になだれ込んじゃった。その上で目先の「既得権益に見える」ところを叩く。大阪市の労働組合とかを。それでどんどん公務員を減らして、非正規社員にしていく。そんなさもしい、お互いに足を引っ張り合う、「引き下げデモクラシー」のようなポピュリズムに騙されてしまったんです。

結果、大阪は生活保護率が日本一で、成長率は全国平均をどーんと下回っています。失敗の実績は、大阪府市の統計を見ればわかる。

――公立病院の医師や看護師を削りすぎて、受け入れベッドがなく、コロナの死者ワーストワン、熱中症の死者も急増しました。

金子　市立住吉市民病院の廃止に始まって、保健所の大リストラ、介護施設や医療機関が崩壊状態。2022年には病院の再編支援事業で、厚労省が公立病院を削減する政策を取ったんです。真っ先に乗っかったのが大阪と北海道です。スガとくっついてね。北海道も大阪も、地元メディアがちゃんと取材しないから、テレビから流れるのは「吉村さん、頑張ってる」（苦笑）。自分で原因つくっておいて、何が「頑張ってる」んだ（笑）。

――無責任体質でいうと、吉村は今「万博は国の事業ですから」と言い方を変えてます。

金子　統一地方選挙であれほど「大阪万博、誘致しました」と自慢してたのに、今や「日本万国博覧会」（笑）。建設費も1200億円から1850億円、さらに2350億円と、膨れ上がっている。だから来年の大阪府市は赤字転落、財政調整金を削らなきゃいけない。でも橋下は「これは投資的経費ですから」。バカなのか？　プレハブのパビリオンで、終わったら、全部つぶしちゃうんでしょ？　なんでこれが投資なんだ。

――完全な税金の無駄遣いです。

金子 カジノにも2000億円増額。つまり人件費を削って医療崩壊をさせた挙句に、カジノと万博に湯水のように税金を使う。その足元を見られながら、第1自民党が助けてくれる。

――第2自民党の維新が、第1自民党の岸田首相に泣きついてます。

金子 福島原発の汚染水問題で、維新が「風評被害をなんとかしろ」と表面的には批判しながら、海洋放出を助けている。かつて言っていた大阪湾に流すという話はどうなったでしょうね。これ、八百長ですよ。

こんな茶番に騙されてはいけない。大阪府民は、ちゃんとしないとダメ。「身を切る改革」なんだから、ちゃんと「身を切ってくれ」と。維新の国会議員、地方議員が自分の金を出して、万博の上振れした超過分を支払える分だけ払え！　これなら「身を切る改革」になりますよ。

――岸田内閣はアメリカの武器を爆買いする。第2自民党の維新はカジノ＝賭博場をつくるために税金をジャブジャブ使う。つまり「戦争とカジノ」。これ、最悪の取り合わせですね。

金子 最悪です。大阪維新は自民党より右です。松井が核共有論を唱えたり、鈴木宗男、橋下徹はプーチン支持だし、馬場は憲法改正に突き進むし。よくコメンテーターが「維新は中道の野党だ」とテレビで言ってたりするけど、本当に不勉強だね。どう見ても自民党より右ですよ。

――統一教会との癒着も、維新からゾロゾロ出てきます。

金子　もうここまでくると大阪の有権者は自虐的、つまり自分で自分の首を締めてるんだな。

――夢洲と一緒に大阪はズブズブ沈んでいきます（苦笑）。

金子　カジノも、それほど行かないんじゃないかな？

――今はオンラインカジノが主流。わざわざ遠い夢洲まで行かないと思います。解除権も3年伸びましたから、いくら賃料を安くしても、地盤は沈下するわ、液状化してビルは傾くわ、で業者は逃げるのでは？

金子　あなたのようにしつこい人が（笑）、毎回毎回、ラジオで「おい、全然工事が進んでないよ」と追及してるから、業者も不安だろうね。

地方と女性が主役の「周辺革命」に期待を込めて

――万博では私たちに追い風が吹いてきました。維新は逆風。吉村、記者会見で苛立っているし（笑）。

金子　だから政府は野党を分断しようとする。第2自民党＝維新を裏で支援し、第3自民党＝国民民主に連立工作をする。野党を分断すれば国民は「あきらめモード」になるから。

――それで投票率がどんどん下がってしまう。そうなれば創価学会、統一教会などの「硬い宗教票」を持つところが勝つ。

金子 確かに国民は立憲野党に頼りなさを感じてる。しかし、足元でいろんな変化が起きています。私は「周辺革命」と言ってますが……。

――それはどんなことでしょうか？

金子 たとえば、本州の一番端の長州と、九州の一番端の薩摩が、明治維新の主体になりましたね。中央権力の支配が及ばないところから新しい動きが出てくる。今は地方や女性が「新しい周辺」になってるんじゃないか。

――東京・杉並区で「新しい公共」を大事にする岸本聡子区長が誕生しました。

金子 彼女のポスター持ってスタンディングしてね、駅の前に立っているだけ。

――そう、それも1人か2人で、自主的に。

金子 この宣伝が受けてね、女性の政治参加の機会を増やそう、という流れになった。今は物価高で生活が苦しいし、少子高齢化がものすごいペースで進んでる。国が放置しているので、特に女性が困窮化していく。そのなかで給食費の無料化や保育の充実、ヤングケアラーを防ぐための介護施策とか、生活に役立つ政策を地方で、住民参加のもとで実際にやっていく。

これは必ずしも貧困層明けではなく、ミドル所得層にとっても切実な課題です。関西では兵庫県・明石市がモデルになっていますね。国が少子化対策をやらないから、明石市が率先して子育て施策を。

――そう、それで子育て世帯が流入してきて人口が増えました。

金子　大阪維新は逆に、悪い意味で、目先のことをやってきた。大阪では「カジノへの税金を子育てに回せ」「万博中止で介護施設の充実」など、一つ一つをひっくり返していくしかない。将棋でいうと、今までは王将を取るために、一生懸命だったけど、囲碁のように一つ一つの石を打って、少しずつ陣地を取っていく。こんな戦い方が必要なのではないか、と。

東京ではそんな動きがあるんです。

――首長さんたちが連帯して。

金子　日野市や世田谷区、中野区、杉並区、武蔵野市、小平市、多摩市や立川市などで「革新的な自治体をつくっていこう」という動きが。東京のウエストベルト、中央線沿線でね。

――非自民党の自治体がたくさん生まれてきたんですね。

金子　それぞれが給食の無料化、保育の充実、住民参加に力を入れていますね。たとえば、世田谷区では高齢者施設に積極的にコロナ検査を行って、高齢率が高いのに死亡率が最も低い部類まで引き上げることに成功しています。横田基地から流出した疑いが濃いＰＦＡＳ（有機フッ素化合物）の問題も関心が高い。これをまねするような市町村が出てきています。生活に密着した、貧困や格差をなくす住民参加の戦いが必要だと思うんです。

――いきなり岸田内閣を倒す、自民公明の政権を代える、というのは遠い話で実感が持てないかもしれませんが、「自分の住んでいる町を変えてやる」と市民が立ち上がれば、これは展望が見えてくる話になってきますね。

金子　それで地方議員も増やしていく。生活密着型の課題、困窮を防ぐ政策を行う人を募って、議員に当選させていく。こういう流れになってくるとかなり政治も変わっていくのではないかな。

――再生エネルギーや農業は、本来は地産地消であるべきです。小さい水力発電や風力で村おこし、安全な地元食材を給食に、など今後は「地方から変えていく時代」なのかもしれませんね。「周辺革命」で、生活密着型の政治に変えていく。少しだけ展望が見えてきたような気がします。今日はありがとうございました。

金子　ありがとうございました。

おわりに

ウクライナにはポーランドの首都ワルシャワから夜行バスで入る。撃ち落とされるから、キーウへの飛行機は飛んでいない。バス待ちの時間を利用して旧市街の「ポーリン博物館」へ。流浪の民ユダヤがエジプト、パレスチナを出て、迫害の末に流れ着いたのはポーランド。「ポーリン」とはユダヤの言葉で「ここで休みなさい」という意味。

中世のポーランドは、国王が宗教に寛容だったのでユダヤ人社会が栄えるが、キリスト教会の一部が反ユダヤ主義を掲げたため、ときに栄えて、ときに弾圧されてしまう。たとえば「ユダヤ人が井戸に毒を投げ入れた」というデマで無辜の人々が大量に虐殺されている。これは関東大震災とまったく同じ構図。

19世紀に入るとポグロム、つまり反ユダヤ主義に基づく大量虐殺が始まる。アウシュビッツの悲劇は小学生でも知っているが、実は旧ソ連のスターリンもウクライナ農民に対してポグロムを行い、数百万人を餓死させている。独裁者は意図的に敵をつくって「奴らを叩け！」として支持を得る。「公務員はけしからん、生活保護受給者は怠け者」。同じ手法で橋下君が維新をつくった。

やがて産業革命が起こり、都市に人口が集中する。貧富の差が極端に広がり、ポーランドのユダヤ人たちは主にアメリカ大陸に移住していく。合衆国は85％のポーランド系ユダヤ人を受け入れた。こんなところが「アメリカの強さ」なんだろう。

下の絵が示唆するのは、当時のユダヤ人の揺れる立場。「私たちはどこに住めばいいのか?」「私たちは何語を話すのか?」。こうした葛藤が、のちのシオニズムにつながっていく。まさかこの絵を鑑賞した1週間後に、イスラエルがガザに対してジェノサイドを始めるとは。

1938年9月、第2次世界大戦勃発。あっという間にポーランドが陥落し、ナチスはユダヤ人にダビデの星の腕章を強制し、強制労働をさせ、従わない人々を刑務所にぶち込んだ。ユダヤへの弾圧に世界から批判が集中。ここでナチスは重要な会議を開く。「どうすれば世界の目をごまかせるのか?」「どうすれば効率的に殺せるのか?」。結論はゲットーに閉じ込め、やがて強制収容所に移送してガス室で殺す。壁に囲まれたゲットーが出現する。

この博物館はその跡地に建てられている。閉じ込めたユダヤ人を管理するため、「ゲットー警察」が作られた。「ユダヤ人がユダヤ人を取り締まる」体制にしたのだ。自殺した

ゲットー警察官の写真があった。「世界はナチスの犯罪を見てるだけで、何も行動を起こさない」ことへの抗議だった。

デマを信じて殺してしまう＝関東大震災。

敵を作って自分の人気をあげる＝維新の政治手法。

私は見ていただけ＝ジャニーズの性被害。

この博物館に展示されている事実は、洋の東西を問わず、今に通じる問題ばかりだ。

ウクライナから帰国するとハードワークが待っていた。現地映像の編集、テレビへの提供、ラジオ番組の作成、イスラエルへの抗議行動、デモクラシータイムスでの万博問題の続編、そして拙著の執筆。

駆け足で出版にこぎつけることができたのは、対談していただいたみなさん、夢洲まで何度も一緒に足を運んでくれた藤永のぶよさん、山口美和子さん、升味佐江子さんはじめデモクラスタッフのみなさん、ラジオスタッフの山本索さん、中野耕史さん、せせらぎ出版の岩本恵三さん、そして何よりもリスナーのみなさんのおかげである。たくさんの方々に本書をお読みいただき、「万博を止める、維新を止める」世論を高めて、今度こそ「まっとうな政治」が実現することを願いつつ、ひとまずここで筆を置くことにする。

２０２３年10月　ウクライナから帰国して

【著者紹介】

西谷 文和（にしたに ふみかず）

1960年京都市生まれ。大阪市立大学経済学部卒業後、吹田市役所勤務を経て、現在フリージャーナリスト、イラクの子どもを救う会代表。

2006年度「平和・協同ジャーナリスト大賞」受賞。テレビ朝日「報道ステーション」、関西テレビ「newsランナー」、ラジオ関西「ばんばひろふみ！ラジオDEしょー！」、日本テレビ「news every.」などで戦争の悲惨さを伝えている。

西谷文和「路上のラジオ」を主宰。

主著に『打倒維新へ。あきらめへん大阪！』（せせらぎ出版、2023年）、『聞くだけの総理 言うだけの知事』（日本機関紙出版センター、2022年）、『ウクライナとアフガニスタン』（同、2022年）、『自公の罪 維新の毒』（同、2021年）、『ポンコツ総理スガーリンの正体』（同、2021年）、『安倍、菅、維新。8年間のウソを暴く』（同、2020年）、『西谷流地球の歩き方 上・下』（かもがわ出版、2019年・20年）、『戦争はウソから始まる』（日本機関紙出版センター、2018年）、『「テロとの闘い」を疑え』（かもがわ出版、2017年）、『後藤さんを救えなかったか』（第三書館、2015年）など。

万博崩壊　どこが「身を切る改革」か！

2023年 12月 1 日　初版第 1 刷発行

著　者　西谷文和
発行者　岩本恵三
発行所　株式会社せせらぎ出版
　　　　コミュニティ・パブリッシング事業部
　　　　〒 530-0043　大阪市北区天満 1-6-8　六甲天満ビル 10 階
　　　　TEL 06-6357-6916　FAX 06-6357-9279
印刷・製本所　モリモト印刷株式会社

ISBN978-4-88416-305-1